123 geniale Mikroabenteuer in Deutschland

Die man erlebt haben muss!

Die besten Ideen und Abenteuer für unvergessliche Momente - Gönnen Sie sich eine Auszeit fernab von Alltagsstress und Langeweile

Vorwort

Sich selbst mehr zutrauen, etwas Neues erleben, sich weiterentwickeln. Von dem Stress, der einem im Alltag begleitet, herunterkommen. Im Jetzt leben und den Moment genießen. Möglich wird dies mit Mikroabenteuern.

In diesem Buch erfahren Sie, was Mikroabenteuer sind, was Sie für ein Mikroabenteuer benötigen und welches Ziel die Mikroabenteuer verfolgen. Zudem bekommen Sie 123 Ideen und Inspirationen zu Mikroabenteuern mit auf den Weg, die Sie direkt umsetzen können. Von Mikroabenteuern in Ihrem Zuhause oder in Ihrer Umgebung bis hin zu Mikroabenteuern in ganz Deutschland, ist in diesem Buch alles enthalten.

Sie finden actionreiche Mikroabenteuer in diesem Buch, kreative Mikroabenteuer, Mikroabenteuer für Ihren Feierabend, aber auch Mikroabenteuer für und mit Kindern. So ist für jeden Geschmack und vor allem - so ist für SIE mit Sicherheit genau das Passende mit dabei. Lassen Sie sich also inspirieren und anstecken mit der Freude auf neue Erlebnisse und Abenteuer!

INHALT

Was sind Mikroabenteuer?

Für neue Erlebnisse und Abenteuer müssen Sie nicht unbedingt weit wegfahren oder nach spektakulärem Nervenkitzel suchen. Sie lassen sich auch ganz einfach in der eigenen Umgebung und sogar zu Hause finden. Aber was genau kann sich unter einem Mikroabenteuer vorgestellt werden? Was machen sie aus?

Der Begriff „Mikroabenteuer“ lässt sich aus dem englischen Wort „Microadventure“ herleiten. Mittlerweile werden die Mikroabenteuer besonders in den Großstädten immer beliebter, aber auch außerhalb von Deutschland erfreuen sich immer mehr Menschen an den Mikroabenteuern. Mikroabenteuer sollen dafür sorgen, mehr Erfahrungen und damit auch Abenteuer im Freien und in der Natur zu erleben, ohne viel Geld ausgeben zu müssen oder viel Zeit dafür opfern zu müssen.

Alastair Humphreys, der sogenannte Erfinder des Begriffs „Mikroabenteuer“ beschreibt diese als Outdoor-Unternehmung, die einfach und kurz, günstig und lokal, aber dennoch aufregend, lustig und herausfordernd ist. Eine genaue Definition dieses Begriffs gibt es nicht. Jeder kann ihn selbst für sich individuell auslegen und interpretieren.

Mikroabenteuer lassen sich also auf die eigenen Interessen und den eigenen Geschmack anpassen, sodass jeder Gefallen an Mikroabenteuern finden kann. Dieses Buch soll Ihnen eine Inspiration und Auswahl für mögliche Mikroabenteuer geben und Sie für diese Erlebnisse vor Ihrer eigenen Haustür begeistern.

Auch die Regeln können individuell für sich selbst definiert werden. Selbstverständlich kann auch auf sämtliche Regeln verzichtet werden. Definiert wurden allerdings folgende:

- Nur öffentliche Verkehrsmittel dürfen genutzt werden (beispielsweise Bahn und Bus). Da die Mikroabenteuer hauptsächlich vor der eigenen Haustür stattfinden sollen, sollte auch auf das Flugzeug verzichtet werden.
- Da es sich um Mikroabenteuer handelt, sollte die Abenteuerzeit maximal 72 Stunden betragen.
- Die Orte sollten so verlassen werden, wie sie auch vorgefunden wurden. Da es sich um öffentliche Orte handelt, sollte darauf geachtet werden, seinen eigenen Müll wieder mitzunehmen und entsprechend zu entsorgen.

Die Regeln können ganz nach dem eigenen Belieben angepasst, erweitert oder auch weggelassen werden. Wichtig ist nur, dass Sie Spaß haben.

In diesem Buch finden Sie auch Ideen für Mikroabenteuer in ganz Deutschland. So können Sie beispielsweise einen Tages- oder Wochenendtrip unternehmen. Zudem ist es nicht unwahrscheinlich, dass Sie in diesem Buch auch Inspirationen für Ihre Umgebung finden. Manches kannten Sie vielleicht sogar noch gar nicht.

ZIEL DER MIKROABENTEUER

Vielleicht fragen Sie sich nun, was Ihnen ein Mikroabenteuer bringt und warum Sie sich ausgerechnet dafür begeistern sollten.

Der zentrale Vorteil solcher Mikroabenteuer ist, dass Sie die Mikroabenteuer in Ihren Alltag integrieren können. Sie sind nicht auf Ferien oder Urlaub angewiesen, sondern können ganz nach Ihrem Belieben entscheiden, wann Sie ein neues Abenteuer erleben können und möchten. Die Mikroabenteuer können sich also ganz flexibel an Ihre Planung und an Ihren Alltag anpassen und lassen sich leicht in diesen integrieren.

Die Durchführung der Mikroabenteuer ist einfach. Sie brauchen keine teure Ausrüstung und müssen nicht ewig auf Bekannte und Freunde warten, damit Sie zusammen losziehen können. Sie können direkt anfangen und brauchen keine großen Einweisungen. Sie müssen auch nicht erst weit reisen, um mit dem Abenteuer zu beginnen. Wenn Sie ein Mikroabenteuer erleben möchten, welches nicht in Ihrer Nähe ist, können Sie auf eine günstige Unterbringung zurückgreifen oder zelten. Ganz nach Ihrem Geschmack. Sie können aber auch Tagestrips unternehmen und am Ende des Tages wieder nach Hause zurückkehren.

Ein Ziel der Abenteuer kann es auch sein, aus den alten und gewohnten Strukturen des Alltags auszubrechen. Ausbrechen aus dem bekannten „das mach ich" und „das mach ich nicht" und einfach anfangen. Ohne groß nachzudenken oder das Gedankenkarussell weiter mit Gründen, die gegen ein neues Abenteuer sprechen würden, kreisen zu lassen. Das Ausbrechen aus den Mustern des Alltags, der Routine kann sich zu einer Faszination entwickeln. Die Faszination, Neues zu entdecken, zu hinterfragen und sich immer wieder aufs Neue für die unterschiedlichsten Dinge zu begeistern.

WAS SIE FÜR EIN MIKROABENTEUER BENÖTIGEN

Wie bereits erwähnt, brauchen Sie für Ihre Abenteuer keine teure oder besonders hochwertige Ausrüstung. Je nachdem, wie lange Sie für ein Mikroabenteuer unterwegs sein möchten, empfiehlt es sich, sich einen geeigneten Rucksack anzuschaffen, in dem Sie alles Wichtige verstauen können. Falls Sie planen, im Freien zu übernachten oder Mikroabenteuer von ein paar Tagen planen, ist, falls Sie ungern im Freien unter dem Sternenhimmel schlafen möchten, ein Zelt ratsam. Wenn Sie für die Zukunft Abenteuer über mehrere Tage planen, ist es empfehlenswert, sich über geeignete Camping-Ausrüstung Gedanken zu machen.

Sie selbst kennen sich am besten und wissen, was Sie brauchen. Grundsätzlich wird für ein Mikroabenteuer aber keine vorgeschriebene Ausrüstung benötigt.

Für ein Mikroabenteuer brauchen Sie selbst etwas Überwindung. Trauen Sie sich, aus den gewohnten Strukturen auszubrechen und etwas Neues auszuprobieren. Seien Sie mutig und trauen Sie sich auch ruhig mal ein Mikroabenteuer allein zu, statt auf andere Teilnehmer zu warten. Machen Sie sich bewusst, dass es gar nicht viel braucht, um Abenteuer zu erleben und diese sogar schon in Ihrer unmittelbaren Umgebung auf Sie warten.

Da sich Mikroabenteuer so einfach in den Alltag integrieren lassen, fordern sie gleichermaßen aber auch den Willen, dies auch zu tun. Seien Sie flexibel und lassen Sie sich von der Natur inspirieren. Nutzen Sie die Mikroabenteuer nicht nur, um dem Alltag zu entkommen und Neues zu entdecken und kennenzulernen, sondern auch, um Ihre Flexibilität und Spontanität zu stärken.

Abenteuer direkt vor Ihrer Haustür

Sie möchten Ihrem Alltag entfliehen, der Natur ganz nah sein, Neues entdecken und ihre eigenen persönlichen Grenzen überwinden? Dann könnten diese Mikroabenteuer genau das Richtige für Sie sein.

In den folgenden Kapiteln werden Ihnen Mikroabenteuer vorgestellt, die in Ihrer unmittelbaren Umgebung auf Sie warten. Sie können neue Orte in Ihrer Gegend erkunden, in der Natur neue Kraft tanken und spannende Abenteuer erleben.

1. LOSWANDERN VON ZUHAUSE AUS

Nun soll es mit der Auflistung von möglichen Mikroabenteuern losgehen. Lassen Sie sich von dieser großen Auswahl inspirieren. Vielleicht können Sie sogar schon direkt Ihr erstes oder nächstes Abenteuer planen.

Das Auto, das Fahrrad oder die öffentlichen Verkehrsmittel sind unsere stetigen Begleiter. Sie bringen uns von A nach B und seien wir mal ehrlich, sind sie auch bequem und es steht gar nicht mehr zur Diskussion, auf diese Mittel nicht mehr zurückzugreifen. Aber haben Sie sich wirklich mal Ihre Umgebung direkt vor Ihrer Haustür angesehen? Waren Sie mal an anderen Ecken als die, wo Sie sonst immer so hin spazieren? Wenn Ihre Antwort auf diese Frage ist, dass Sie nur selten Ihre Umwelt direkt vor Ihrer Haustür näher betrachten oder Sie häufig die gleiche Route für einen Spaziergang nutzen, ist eine Wanderung von Ihrer Haustür aus genau das Richtige für Sie. Auch wenn Sie gerne länger spazieren gehen und sich gut auskennen, können Sie stets neue Wege und

Routen probieren. Dieses Mikroabenteuer ist also wandelbar und lässt sich individuell an Ihre Laune und Lust anpassen.

Schnappen Sie sich Ihren Rucksack und fragen Sie sich: Wie weit ist der nächste Wald von mir entfernt? Welche Ecken kenne ich noch nicht? Wie weit kann ich an einem Tag laufen und bis wohin schaffe ich es? Sie können sich auch einfach ein mögliches Ziel auf einer Karte oder im Internet suchen und loslegen.

Je nachdem, wie weit Sie für eine Strecke gelaufen sind, können Sie Ihren Rückweg beliebig anpassen. Schaffen Sie den Rückweg noch zu Fuß? Oder nehmen Sie lieber die öffentlichen Verkehrsmittel? Probieren Sie sich aus und erkunden Sie neue Ecken direkt vor Ihrer Haustür.

Fotodokumentation

Machen Sie zur Erinnerung an Ihr Abenteuer Bilder von den Orten, zu denen Sie gewandert sind, die Sie neu entdeckt haben, die Sie begeistert haben. Was ist Ihnen Spannendes auf Ihrem Weg begegnet? Möchten Sie sich vielleicht die Brücke merken, die Sie überquert haben? Oder fiel das Sonnenlicht auf die Blumenwiese und bot ein wunderschönes Motiv? Nehmen Sie Ihre Kamera mit und halten Sie Erinnerungen fest. Diese könnten Sie beispielsweise in ein Fotoalbum kleben, um sich auch zukünftig an Ihre Abenteuer vor Ihrer Haustür zu erinnern. Oder um sich die schönen Orte zu merken, die gar nicht so weit entfernt sind, wie Sie eigentlich dachten. Oder um nicht zu vergessen, wo Sie nach Belieben noch einmal hinwandern können.

Geocaching

Geocaching, auch GPS-Schnitzeljagd genannt, ist quasi die moderne Schatzsuche. Verschiedene Verstecke werden mit Hilfe von Koordinaten im Internet veröffentlicht. Mit einem GPS-Empfänger können diese Verstecke gesucht werden. Der sogenannte Geocache ist ein Behälter, in der

Regel wasserdicht, in welchem sich das sogenannte Logbuch und Tauschgegenstände befinden. In das Logbuch können sich diejenigen eintragen, die das Versteck gefunden haben.
Es kann ein Gegenstand aus dem Behälter entnommen werden und gegen einen anderen Gegenstand getauscht werden. Ziel ist es, dass das Finden dieses Verstecks möglichst unerkannt bleibt.

Geocaching ist in zahlreichen Städten bekannt und so finden Sie mit Sicherheit auch Koordinaten in Ihrer unmittelbaren Nähe. Wer kein GPS-Empfänger besitzt, kann auch auf Karten oder auf das Smartphone zurückgreifen.

Sie erkunden also nicht nur Ihre Umgebung vor Ihrer Haustür näher, sondern können gleichzeitig versuchen, den Geocache zu finden. Nervenkitzel und vor allem spannende Abenteuer sind garantiert.

2. EIGENE KUNSTWERKE AUS DEM WALD

Im Herbst zieren heruntergefallene bunte Blätter die Landschaft. Kinder sammeln Kastanien, die Natur färbt sich bunt. Diese Jahreszeit lädt dazu ein, sich selbst kreativ auszuleben.

Doch dieses Mikroabenteuer ist nicht nur für die herbstliche Jahreszeit perfekt geeignet, auch im Frühling können Sie eigene Kunstwerke aus der Natur schaffen. Die verschiedensten Blumen und Blätter an den Bäumen laden dazu ein.

Dieses Mikroabenteuer ist auch unter dem Namen „Landart" bekannt. Dieser Name beschreibt es auch ziemlich gut. Setzen Sie sich mit Ihrer Landschaft und den unterschiedlichsten Naturmaterialien auseinander. Aus Kastanien, Blättern und Ästen lassen sich wunderbar Bilder oder Figuren legen. Pimpen Sie die langsam traurig aussehenden Bäume im Winter/Spätherbst mit bunten Blättern auf, die Sie perfekt mit Dornen befestigen können. Oder formen Sie im Frühling mit unterschiedlichen Blüten ein Bild. Lassen Sie Ihrer Kreativität freien Lauf. Wichtig ist nur, dass die Materialien, die Sie für Ihr Kunstwerk verwenden, ausschließlich aus der Natur stammen und so auch keinen Müll hinterlassen. Je länger Sie sich mit Ihrem Kunstwerk und der Natur beschäftigen, desto stärker werden Sie merken, wie positiv sich die Ruhe der Natur auf Sie auswirken kann.

Dieses Mikroabenteuer passt sich ganz individuell an Ihre Tagesform und Ihren individuellen Gegebenheiten an. Ganz egal, ob Sie spannende Abenteuer mit Ihren Kindern oder Freunden erleben möchten oder ob Sie allein neue Kraft schöpfen möchten. Falls Sie sich gestresst und unausgeglichen fühlen, kann das Mikroabenteuer helfen, zur Ruhe zu kommen. Auch die Tageszeit kann flexibel gewählt werden. Am besten ist es, das Mikroabenteuer bei Tag zu erleben, da Sie das Kunstwerk direkt bestaunen können. Doch auch bei Nacht sorgt es für Abenteuer und Nervenkitzel. Das fertige Kunstwerk können Sie dann im Schein des Mondes oder am nächsten Morgen bewundern.

Aus Kunst werden Geschichten

Wer dieses Abenteuer noch weiterführen möchte, kann Geschichten zu seinen Kunstwerken erfinden. So haben Blätter beispielsweise schon einige Abenteuer erlebt und mutig gegen die verschiedensten Wetterlagen gekämpft oder ein geformtes Tier erzählt seine eigene persönliche Geschichte. Auch hier gilt: Was gefällt, ist auch erlaubt. Besonders Kinder lassen sich von aufregenden Geschichten begeistern. Oder falls Sie mit Freunden dieses Abenteuer erleben, kann eine Art Wettbewerb entstehen: Wer erfindet die spannendste/beste Geschichte zu seinem Kunstwerk?

Nur Mut

Neue Sachen entwickeln und sich seiner eigenen Fantasie hingeben. Auch das wird in diesem Mikroabenteuer möglich. Entwerfen Sie mit den unterschiedlichsten Materialien ein Haus, bauen Sie mit Stöckern eine Höhle. Was auch immer es ist, seien Sie mutig, sich frei auszuleben. Sie werden bemerken, wie Sie Ihrem Alltag entfliehen können und gleichzeitig spannende neue Dinge erleben. Vielleicht entdecken Sie auch eine ganz neue Seite an sich.

3. BARFUß DER NATUR GANZ NAH

Unsere Füße tragen uns durch das Leben. Diesen Spruch haben die meisten schon einmal gehört. Doch nehmen Sie die Natur intensiver und auf eine ganz neue Art und Weise wahr und laufen Sie barfuß durch Wald und Wiesen. Spüren Sie die Grashalme, die Erde, Moos und sämtliche Blätter unter Ihren Fußsohlen. Sie werden der Natur so nah sein wie selten zuvor. Versprochen! Achten Sie darauf, nicht auf Wurzeln oder Stöcker und große Steine zu treten, wenn Sie durch einen Wald laufen.

Wenn Ihnen ein Barfuß-Spaziergang noch nicht genug Abenteuer ist und Sie zu zweit unterwegs sind, versuchen Sie doch mal zu raten, was sich unter Ihnen befindet. Spüren Sie auch blind, auf welchem Untergrund Sie in dem Moment stehen? Konzentrieren Sie sich ganz darauf, was Sie unter Ihren Füßen spüren können und lassen Sie sich durch den Wald führen. Vielleicht ist ein kleiner Fluss dort zu finden. Spüren Sie, wie angenehm sich das kühle Wasser unter Ihren Füßen anfühlt. Nehmen Sie die neuen Eindrücke so intensiv wie möglich wahr. Sie werden es ganz sicher nicht bereuen.

Dennoch gilt: Wenn Ihnen zu kalt wird, es Ihnen nicht geheuer ist oder Sie sich unwohl fühlen: Ziehen Sie schnell wieder Ihre Schuhe an und gönnen Sie sich im Anschluss ein warmes Fußbad zur Erholung.

Den Moment einfangen

Vielleicht fühlen Sie sich an Ihre Kindheit zurückerinnert, wenn Sie barfuß durch Wald und Wiese laufen. Nehmen Sie sich einen Moment Zeit und genießen Sie den Moment, in dem Sie allein mit der Natur sind. Nehmen Sie das Gras und die Blätter unter Ihren Füßen ganz bewusst wahr. Leben im Hier und Jetzt.

4. BEOBACHTEN DER VÖGEL UND DER WOLKEN

Der Geruch von Gras in der Nase, der Kopf ruht im Gras und der Blick ist auf den Himmel gerichtet. Diese Szene ist aus der Kindheit und aus sämtlichen Filmen bekannt. Aber es ist es immer wieder wert.

Nehmen Sie sich einen Moment Zeit und legen Sie sich in Ihrem Garten oder draußen in der Natur in das Gras und beobachten Sie die Vögel am Himmel.

Doch nicht nur im Liegen können die Vögel beobachtet werden. Schnappen Sie sich Ihr Fernglas und richten Sie Ihren Blick auf die Landschaft. Welche Vögel können Sie erkennen? Wie verhalten Sie sich? Was fasziniert Sie an diesen Tieren? Zur Bestimmung der verschiedenen Vögel kann ein Bestimmungsbuch helfen.

Je nachdem, wonach Ihnen gerade ist, können Sie sich auch einen ruhigen Platz an einem See oder im Park suchen und dort die Vögel, Enten und Reiher beobachten. Sie werden merken, wie Sie vom Alltag abschalten können und den Moment genießen, auf andere Gedanken kommen und im Hier und Jetzt leben.

Vor allem im Herbst können wunderbar die verschiedenen Vögel beobachtet werden, da sie sich auf den Weg in wärmere Gebiete begeben. Beobachten Sie die Anordnung der Vögel im Himmel und lassen Sie Ihre Gedanken schweifen.

Was sind das für Wolken?

Kennen Sie noch das Spiel aus der Kindheit? Das Raten, welche Tiere und Muster die Wolken darstellen sollen? Lassen Sie dies doch noch einmal aufleben. Oder wenn Sie selbst Kinder haben, beobachten Sie gemeinsam mit Ihren Kindern die Wolken. Ähnlich wie bei den Kunstwerken aus der Natur können auch hier wieder Geschichten zu den Wolken ausgedacht und erzählt werden. Vielleicht ergibt sich daraus sogar ein Spiel? Einer fängt mit einer möglichen Geschichte an und die anderen steigen mit ein. So gehen die Geschichten reihum und jeder kann zu seiner Wolke eine Geschichte erfinden. Spaß und Abenteuer sind hier ganz sicher vorprogrammiert.

5. ALLEIN FÜR SICH SEIN

Dieses Mikroabenteuer klingt wahrscheinlich zunächst einmal wirklich recht merkwürdig. Was ist an dem Alleinsein so besonders, dass es als ein Mikroabenteuer gesehen werden kann?

Nun. Die sozialen Netzwerke sind unsere täglichen Begleiter. Ein Leben ohne sie können wir uns schon gar nicht mehr vorstellen. Das Smartphone wird meistens überall dorthin mitgenommen, wo wir selbst auch hingehen. Oft unternehmen wir was mit Freunden, unterhalten uns, verbringen Zeit miteinander. Und wenn all das dieses Mal nicht der Fall ist, dann beschäftigen wir uns anders. Schauen Fernsehen, räumen auf, lesen. Die Möglichkeiten sind unbegrenzt. Geräusche oder Töne nehmen wir täglich, sogar im Minuten- und Sekundentakt wahr. So ganz ohne funktioniert es eigentlich gar nicht mehr.

Aber so wirklich richtig allein mit uns selbst sind wir Menschen selten. Umso schöner und verlockender kann es sein, genau dies auszuprobieren. Ganz allein. Sich nur auf sich selbst konzentrieren. Genau das ist das Ziel dieses Mikroabenteuers.

Falls Sie erstmal schauen, wie Ihnen das Alleinsein und die völlige Ruhe gefällt, können Sie langsam anfangen und sich nach Belieben steigern. Theoretisch ist es möglich, ein ganzes Wochenende auf das Sprechen und ablenkende Geräusche zu verzichten. Um sich langsam an dieses Mikroabenteuer heranzutasten, können Sie während eines Spazierganges auf Ihr Smartphone verzichten und sich einen ruhigen Ort aussuchen, an dem nie viel los ist und Sie wahrscheinlich niemand anderem begegnen werden.

Widmen Sie sich Ihren Gedanken. Was fühlen Sie? Woran denken Sie, wenn Sie sich nicht ablenken lassen?

Fragen Sie sich anschließend, ob dieses Mikroabenteuer, der Moment der Auszeit, etwas mit Ihnen gemacht hat? Fühlen Sie sich vielleicht erholter? Haben Sie sich selbst ganz anders kennengelernt? Kamen Ihnen andere Gedanken als sonst?

Aufschreiben von Gedanken

Um dieses Mikroabenteuer noch etwas spannender zu machen, können Sie eine Art Experiment unternehmen. Was glauben Sie, macht dieses Mikroabenteuer mit Ihnen? Was erwarten Sie? Was wünschen Sie sich? Schreiben Sie vor dem eigentlichen Mikroabenteuer Ihre Gedanken auf.

Was davon ist wirklich eingetroffen? Was haben Sie erlebt? Vor allem: Was hat es bei Ihnen verändert? Hat es Ihnen gefallen? Falls ja, können Sie sich im nächsten Schritt an ein neues schweigendes Mikroabenteuer wagen. Schaffen Sie es einen ganzen Tag, auf sämtliche Unterhaltungen und auf das Sprechen zu verzichten? Dies können Sie beim Zelten in der Natur oder bei sich zu Hause ausprobieren.

Vielleicht hilft es Ihnen, Ihre Gedanken dazu aufzuschreiben. Was haben Sie währenddessen gefühlt und gedacht? Waren Sie entspannter? Fühlen Sie sich losgelöster von dem Stress, der Sie sonst im Alltag begleitet?

Das Aufschreiben Ihrer Gedanken und der Beschäftigung mit sich selbst kann dieses Mikroabenteuer noch spannender machen und Ihnen auch für die Zukunft helfen, indem Sie sich selbst besser und auf eine andere Art und Weise kennenlernen.

6. WANDERN IN DEN SONNENAUFGANG

Nicht jedem fällt das frühe Aufstehen leicht. Doch für dieses Erlebnis lohnt es sich garantiert.

Um den Sonnenaufgang perfekt beobachten zu können, ist die Aussicht von einem Hügel lohnenswert. Sie kennen Ihre unmittelbare Umgebung am besten. Wählen Sie Ihr Ziel der Wanderung so, dass Sie eine möglichst perfekte Sicht auf die aufgehende Sonne genießen können.

Falls Sie einen See oder sogar das Meer in Ihrer Nähe haben, ist dies auch ein super Ort, um den Sonnenaufgang beobachten zu können. Vielleicht ist das Wasser noch vom Nebel umhüllt, der sich mit der Zeit legt und eine wunderschöne Sicht auf das Wasser und die Landschaft freigibt.

Dieses Abenteuer werden Sie ganz sicher nicht so schnell vergessen. Vielleicht möchten Sie dieses Mikroabenteuer im Anschluss sogar noch einmal wiederholen.

Dieses Abenteuer bietet sich zudem perfekt an, um es noch vor der Arbeit zu erleben. So können Sie entspannt und voller Tatendrang in einen neuen Arbeitstag starten.

Das Frühstück der anderen Art

Nehmen Sie sich Ihr Frühstück einfach mit und frühstücken Sie, während die Sonne langsam aufgeht. Alternativ können Sie auch zu einem Tee oder Kaffee greifen. So starten Sie entspannt und mit der schönsten Sicht in den Tag und können sich gleichzeitig stärken.

7. IM EIGENEN GARTEN ODER IN DER NATUR ÜBERNACHTEN

Wir Menschen sind Gewohnheitstiere. Selten brechen wir aus den gewohnten Strukturen aus und trauen uns, neue, unbekannte Dinge auszuprobieren. Doch dabei kann genau das so viel Spaß machen.

Schnappen Sie sich alles, was Sie für eine Übernachtung im Freien benötigen und los geht's! Wenn Sie einen eigenen Garten haben, ist dieses Mikroabenteuer perfekt dafür geeignet, eine Nacht einfach mal im Garten zu verbringen. Ob im Zelt oder unter freiem Himmel ist ganz Ihnen überlassen. Natürlich sollten Sie vor diesem Abenteuer den Wetterbericht im Auge behalten, damit Sie mitten in der Nacht nicht von einem unerwarteten Regenschauer überrascht werden.

Beobachten Sie die Sterne, während Sie langsam einschlafen, lauschen Sie den Geräuschen der Natur und entfliehen Sie Ihrem gewohnten Alltag und dessen Strukturen. Falls Sie eine Hängematte besitzen, eignet sich diese ebenfalls wunderbar für ein Übernachtungsabenteuer draußen im Freien.

8. NÄCHTLICHER AUSFLUG IN DEN WALD

Kennen Sie noch die gruseligen Geschichten aus Ihrer Kindheit? Die, in denen von Monstern und Zombies die Rede ist, die nachts im Wald zu finden sind. Generell wird der Wald nachts eigentlich lieber gemieden. Doch dabei gibt es dort so einiges zu entdecken und so ein Ausflug kann sich als sehr spannend herausstellen.

Achten Sie nur darauf, dass Sie den Wald und Ihre Gegend gut kennen. Sollte dies nicht der Fall sein, ist es ratsam, sich erst näher über die Gegend und den damit verbundenen Wald zu informieren. Damit Sie, falls Sie nicht in dem Wald übernachten möchten, den Weg schnell hinausfinden und nicht lange umherirren müssen. Zudem ist es hilfreich zu wissen, ob sich Wildschweine in dem Wald aufhalten, da auf eine Begegnung mit diesen Tieren lieber verzichtet werden sollte. Sie können am Tag durch den Wald spazieren und nach geeigneten Ecken Ausschau halten, wo Sie sich gegen späten Abend hinsetzen können. So lernen Sie den Wald schon mal kennen und wissen, worauf zu achten ist.

Doch der Wald hat nachts so einiges zu bieten. Eulen begeben sich auf die Jagd, Rehe lassen sich vermehrt blicken und mit Sicherheit lässt sich auch die ein oder andere Maus finden. Lauschen Sie dem Wind in den Bäumen und den Geräuschen der Tiere und genießen Sie die Ruhe, die Sie umgibt.

Am besten ist es, den Wald in Ihrer Umgebung schon vor der Dämmerung aufzusuchen und sich an einem geeigneten Platz niederzulassen. Am besten eignet sich ein Platz, an dem der Wald so gut wie möglich überschaut werden kann, damit Sie nichts verpassen und sich der nächtliche Ausflug auch auf alle Fälle lohnt.

Wenn Sie mögen, können Sie einen Schlafsack mitnehmen, damit Ihnen im Laufe des Abends nicht zu kalt wird. Bei Belieben kann in dem Wald auch übernachtet werden. Auch auf genügend Stärkung sollte geachtet werden, damit Sie nicht der Hunger überkommt.

Die Tiere kommen erst aus ihren Verstecken, wenn es im Wald ruhig ist. Achten Sie daher darauf, so wenig Geräusche wie möglich zu machen, damit Sie genügend Tiere sehen können. Doch auch für den Blick auf die Sterne, den Mond und die Baumkronen hoch über einem ist dieses Mikroabenteuer Goldwert! Sie werden garantiert in dieser Nacht einige Abenteuer erleben.

9. EINE RADTOUR

Dieses Mikroabenteuer mag ziemlich unspektakulär klingen, doch macht unglaublich viel Spaß. Setzen Sie sich ein Ziel oder fahren Sie ohne ein konkretes Ziel einfach los und schauen Sie, wohin es Sie verschlägt, und genießen Sie die Landschaft, die Sie auf der Fahrt durchqueren.

Sollten Sie einen Fluss, See oder sogar das Meer in Ihrer Nähe haben, bietet sich eine Radtour an genau diesen Orten perfekt an. Meistens führen Radwege direkt an Flüssen vorbei, sodass ein perfekter Blick auf das Wasser genossen werden kann.

Aber auch eine Radtour an Feldern, Wiesen und durch verschiedene kleine Orte ist lohnenswert. Besonders schön ist es, wenn das Getreide auf den Feldern wächst und Sie einen Blick auf die schöne Natur genießen können.

Nach Belieben kann diese Radtour auch erweitert und beispielsweise eine Übernachtung mit eingeplant werden, um am nächsten Tag weiterzufahren. Ganz egal, ob Sie sich einen Tapetenwechsel und dabei neue Abenteuer oder eine längere Tour wünschen. Dieses Mikroabenteuer lässt sich perfekt an jeden Geschmack anpassen. Schnappen Sie sich Ihr Fahrrad und schauen Sie, wohin es Sie verschlägt.

Vorschläge und Inspirationen zu unterschiedlichen Radwegen und Touren in ganz Deutschland finden Sie im gleichnamigen Kapitel. So können Sie neue Strecken und Touren ausprobieren und gleichzeitig etwas Neues erleben.

10. INLINER FAHREN

Inliner fahren ist nicht nur ein gutes Sportprogramm, sondern macht auch wirklich viel Spaß. Auch hier können Sie, falls in Ihrer Nähe vorhanden, an Flüssen, Seen und sogar dem Meer entlangfahren. Aber auch gewöhnliche Radwege in Ihrer Nähe eignen sich für eine Fahrt mit den Inlinern. Besonders viel Spaß macht dieses Mikroabenteuer mit Freunden. So kann sich nebenbei unterhalten werden, die Route zusammen geplant werden und neue Strecken und Orte in Ihrer Umgebung entdeckt werden.

Wenn Sie möchten, können Sie mit entsprechenden Apps Ihre Strecke tracken. Tracken meint so viel wie zurückverfolgen oder generell verfolgen. Dies bietet den Vorteil, dass Sie sich neue Strecken, die Sie ausprobiert haben, mit Hilfe einer App merken können und in Zukunft öfter fahren können. Sie können aber auch genauso in Erfahrung bringen, wie schnell Sie waren, wie lange Sie unterwegs waren etc. Auch für einen Austausch mit Freunden eignen sich diese Apps hervorragend.

Dieses Mikroabenteuer können Sie auch gut vor der Arbeit erleben. So starten Sie mit kühlem Kopf in den Arbeitstag und sind ausgeglichener. Oder wie wäre es, mit Inlinern zur Arbeit zu fahren? So schaffen Sie viel Abwechslung in Ihrem Alltag.

11. ESSEN IN DER NATUR

Hierbei muss es sich gar nicht um aufwendige Picknicks handeln. Sie können auch Ihr Mittag oder Abendessen auf Ihrem Balkon oder in Ihrem Garten zu sich nehmen. Dies bietet ebenfalls Abwechslung zu den gewohnten Abläufen im Alltag. Aber auch kleine Snacks im Wald, in Parks oder auf einer Wiese lassen den tristen Alltag hinter sich.

Am besten ist für dieses Mikroabenteuer Fingerfood geeignet, aber auch Suppen oder andere Speisen können in der Natur gegessen werden. Auch auf die Jahreszeit muss nicht geachtet werden. Während sich für den Sommer Wassermelonen oder andere kalte Speisen anbieten, sind Suppen und Heißgetränke perfekt für den Winter geeignet.

Auch die Tageszeit ist frei wählbar. Ganz gleich, ob es sich um einen Nachmittagssnack, ein Mittagessen oder um das Abendbrot handelt. Wann auch immer es Ihnen passt - ein Picknick in der Natur oder im eigenen Garten/Balkon bietet sich perfekt an.

Picknick mit Freunden

Wie wäre es, die Mahlzeit zusammen mit den Freunden in der Natur zu sich zu nehmen und gleichzeitig Spiele zu spielen oder sich zu unterhalten? Die Zeit mit Freunden bringt einen von dem eigenen Stress herunter und nebenbei erleben Sie alle zusammen neue Abenteuer.

12. AUF EINEN BAUM KLETTERN

Ein Stück der Kindheit zurückholen und alte Erinnerungen aufleben lassen. Mal wieder wie damals auf einen Baum klettern und den Blick durch die Blätter und Äste über die Landschaft schweifen lassen. Die Aussicht von oben genießen und dabei austesten, wie weit man sich traut. Wann war das letzte Mal, dass Sie auf einen Baum geklettert sind? Wenn dies schon einige Zeit her ist, dann ist dies die perfekte Gelegenheit, es wieder zu tun.

Wichtig ist hierbei, dass Sie sich nicht überschätzen, sondern ehrlich zu sich selbst sind: Schaffen Sie den nächsten Schritt wirklich noch? Kommen Sie von dort aus auch wieder einfach herunter? Zudem ist darauf zu achten, dass der Baum stabil genug ist und Ihr Gewicht auch wirklich aushält. Wenn alles sicher ist, steht der schönen Aussicht vom Baum aus nichts mehr im Wege.

13. NACHTWANDERUNG

Die eigene Umgebung macht bei Nacht einen anderen Eindruck. Sie wirkt vielleicht sogar ungewohnt. Die Straßenlaternen werfen Licht und

Schatten auf die Straßen. Mal ist eine Eule zu hören. Auf den Straßen ist eigentlich niemand mehr zu sehen. Stille umgibt Sie.

Nach einem langen Tag auf der Arbeit sucht man im Feierabend selbstverständlich Entspannung und Erholung. Doch, falls Sie Ihren Feierabend mal etwas anders gestalten möchten, ist dieses Mikroabenteuer perfekt geeignet.

Überlegen Sie sich im Vorhinein eine Route oder wandern Sie einfach drauf los. Auch der Zeitpunkt kann frei von Ihnen gewählt werden. So können Sie einen Spaziergang in den Sonnenuntergang machen oder erst gegen späten Abend loswandern. Wenn Sie mögen, können Sie auch auf völlig dunklen Wegen laufen. Nehmen Sie einfach eine Taschenlampe für genügend Licht mit. Hören Sie vielleicht dabei ein Hörbuch oder einen Podcast. Oder lassen Sie Ihre Gedanken schweifen.

Mikroabenteuer für zu Hause

Sie fühlen sich nicht genug herausgefordert? Möchten auch bei sich zu Hause Abenteuer erleben, über sich selbst hinauswachsen und dabei dem Alltag entfliehen? Dann finden Sie in diesem Kapitel viele verschiedene Ideen und Inspirationen für mögliche Mikroabenteuer bei Ihnen zu Hause.

14. LERNEN EINER NEUEN SPRACHE

Etwas Neues zu lernen fordert einen und macht zudem auch noch Spaß. Sie können Ihre Erfolge schnell bemerken und sehen, wie es Ihnen immer leichter fällt. Zudem brechen Sie aus den Gewohnheiten des Alltags aus.

Welche Sprache hat Sie schon immer begeistert, aber Sie haben nie damit begonnen, diese Sprache zu lernen? Dann ist jetzt der richtige Zeitpunkt dafür.

Wie Sie die Sprache lernen möchten, ist Ihnen überlassen. Ganz gleich, ob über Online-Anbieter, Apps oder Bücher. Ganz allein das Beschäftigen mit der Sprache und dem Willen, etwas Neues zu lernen, zählt. Vielleicht haben Sie auch Freunde oder Bekannte, die diese Sprache beherrschen und sie Ihnen beibringen können. So können Sie zukünftig in der neuen Sprache miteinander kommunizieren und die Erfolge gemeinsam feiern.

Falls Sie noch nicht ganz überzeugt sind, sind hier ein paar Vorteile für das Lernen einer neuen Sprache aufgelistet:

- Sprachen lernen fördert die interkulturelle Kompetenz.

Hiermit ist gemeint, dass die Kultur, die Bräuche und auch der Humor erst richtig verstanden werden können, wenn auch die Sprache verstanden werden kann.

- Das Erlernen einer neuen Sprache macht einen intelligenter.

Die Gehirnzellen werden ständig trainiert, wenn neue Sprachen gelernt und später auch gesprochen werden. Durch den Wechsel zwischen den einzelnen Sprachen wird das Erinnerungsvermögen zunehmend gestärkt. Sie tun sich und Ihrem Gehirn also etwas Gutes, wenn Sie neue Sprachen lernen und später auch sprechen.

- Sprachen öffnen neue Türen.

Das Erlernen von neuen Sprachen öffnet nicht nur Türen in der Kommunikation, sondern auch im Berufsleben.

Vielleicht ist die Lust, neue Sprachen zu erlernen, bei Ihnen geweckt. Sie werden es ganz sicher nicht bereuen und können dabei dem öden Arbeitsalltag für eine Zeit lang entfliehen.

15. EIN NEUES KREATIVPROJEKT

Sich kreativ auszuleben, fördert nicht nur die eigene Kreativität, sondern macht auch Spaß und am Ende ist man stolz auf das eigene Ergebnis. Grenzen für kreative Projekte gibt es keine. So kann der eigene Garten selbst verschönert werden, es können Vasen und andere Gefäße bemalt werden, gestrickt und gehäkelt werden. Worauf auch immer Sie Lust haben, legen Sie doch direkt los.

Falls Sie gerne ein neues kreatives Projekt starten möchten, aber noch keine Ahnung haben, was genau, finden Sie im Folgenden ein paar Inspirationen.

1. Selbstgemachter Spiegel

Haben Sie schon einmal einen Spiegel ganz nach Ihren Wünschen selbst gemacht? Nein? Dann vielleicht jetzt. Ob Sie lieber einen Spiegel in modernem Stil, mit Holzrahmen oder einen großen Spiegel aus mehreren kleinen zusammengesetzt haben möchten, ist ganz Ihnen überlassen.

Für einen großen Wandspiegel aus mehreren kleinen Spiegeln eignen sich die Spiegel im Format 13 x 18 cm von Ikea hervorragend. Selbstverständlich können die Spiegel auch von anderen Anbietern erworben werden. Ein kleiner Spiegel ist sehr günstig und kostet in der Regel nicht mehr als 1 €, sodass bei diesem Projekt keine hohen Kosten auf Sie zukommen. Je nachdem, wie groß Ihr Wandspiegel sein soll, brauchen Sie unterschiedlich viele einzelne kleine Spiegel. Auch die Anordnung kann beliebig variiert werden, sodass unterschiedliche Endmuster entstehen können.

Für einen Spiegel in Holzoptik kann Holz verwendet werden, für das Sie eigentlich keine Verwendung mehr haben. Beispielsweise von einem alten Zaun. Damit der Spiegel auch hält und nicht aus dem Rahmen fällt, sollte der Spiegel auf einer Korkplatte befestigt werden. Das Holz kann mit Hilfe eines Falzes, hiermit ist eine Verbindungstechnik gemeint, zu einem Rahmen verbunden werden. Anschließend muss der neue Spiegel nur noch an der gewünschten Stelle aufgehängt werden und fertig ist das eigene Kreativprojekt.

2. Eigene Kunstwerke

Wie wäre es mit einem neuen Bild für das Wohnzimmer, Schlafzimmer oder für andere Räume? Die können Sie einfach und ohne viel Geld in die Hand nehmen zu müssen, selbst gestalten.

Benötigt wird hierfür nur eine Leinwand im gewünschten Format, die Farben der Wahl (bspw. Acryl) und geeignete Pinsel. Häufig gibt es das Zubehör recht günstig in Kreativgeschäften oder im Internet zu kaufen. Da es diese Farben in Tuben gibt, reichen sie auch für mehrere Kunstwerke, sodass nicht für jedes Bild neue Farbe gekauft werden muss.

Sie können Ihrer Kreativität bei den Kunstwerken freien Lauf lassen und schauen, worauf Sie gerade Lust haben. Inspirationen für mögliche Motive und Farbtechniken können Sie im Internet finden.

3. Schreiben einer eigenen Geschichte

Das Ausdenken einer eigenen Geschichte kann die Fantasie anregen und macht dabei echt viel Spaß. Ihre eigene Geschichte können Sie mit der Hand aufs Papier bringen oder auf einem Laptop/Computer tippen. Ganz, wie Sie wollen. Seien Sie nicht deprimiert, wenn Ihnen nicht sofort eine Handlung oder generell eine Geschichte einfällt, oftmals ergibt es sich beim Schreiben selbst. Also, legen Sie einfach los und schauen Sie, wohin Sie Ihre Gedanken tragen. So können Sie vom Alltag und Stress abschalten und gleichzeitig etwas Neues ausprobieren.

4. Aus alt mach neu

Sie haben alte bunte Vasen, oder andere Gegenstände, die Ihnen nicht mehr gefallen oder die nicht mehr zu der restlichen Einrichtung in Ihrem Zuhause passen? Dann verleihen Sie ihnen mit Sprühfarbe einen neuen Glanz. Diese Farben gibt es in Schreibwarengeschäften und in Kreativgeschäften zu kaufen. Das Farbspektrum ist groß, sodass für jeden Geschmack das Richtige dabei ist.

Achten Sie darauf, dass Sie die Gegenstände am besten draußen ansprühen, da der Geruch nicht angenehm und auch nicht wirklich gesund ist und sich in den Räumen teilweise hartnäckig halten kann. Legen Sie am besten auch etwas Zeitungspapier oder ähnliches darunter, damit keine Farbe daneben geht.

Je nachdem, welche Farbe die Vase oder ähnliches ursprünglich hatte, brauchen Sie eventuell mehrere Schichten. In der Regel reichen zwei Schichten, um ein deckendes Ergebnis zu erzielen. Damit die Farbe gleichmäßig auf der Vase halten kann, sprühen Sie diese mit etwas Entfernung an. So schnell und einfach können Sie zahlreiche Dekoartikel aufpimpen und sich Abwechslung in Ihr Zuhause holen. Diese Aufzählung an Inspirationen für mögliche Kreativprojekte soll Ihnen eine Vorstellung dafür geben, was alles möglich ist.

16. KOCHEN SIE STREETKITCHEN GERICHTE

Reist man in andere Länder, lernt man nicht nur die Kultur und die Menschen besser kennen, sondern auch die Essgewohnheiten sowie neue Gerichte. Diese können zu Hause nachgekocht werden. Es soll sich hierbei gar nicht um besonders aufwendige Rezepte handeln, sondern viel mehr um einfache Gerichte, um Abwechslung in die eigene Küche zu bringen. Wenn Ihnen kein Gericht einfällt, welches Sie mit einem Land in Verbindung bringen, können Sie auch im Internet nach möglichen Inspirationen schauen.

Nach Belieben können diese Gerichte im Stehen und mit Wegwerfgeschirr gegessen werden. Wer einen Gaskocher zu Hause hat, kann diese Gerichte auch damit zubereiten. Mit Streetkitchen-Gerichten können Sie nicht nur lecker essen, sondern bekommen Abwechslung und können in der Erinnerung der letzten Reisen schwelgen.

17. ÜBERNACHTUNG IN DER HÄNGEMATTE

Woanders zu übernachten, ist immer aufregend und spannend. Vor allem dann, wenn gar nicht in einem Bett geschlafen wird. Jeder Ort kann zu einem Schlafort werden. Ganz egal, ob draußen im Garten oder in der eigenen Wohnung.

Wenn Sie mögen, können Sie die Hängematte auch draußen in der Natur aufspannen. So sind Sie an einem ganz neuen Ort und nicht in Ihrer gewohnten Umgebung. Zudem bekommen Sie dort noch einmal ganz neue Eindrücke und können vielleicht sogar Tiere nachts beobachten.

Wann Sie in der Hängematte entspannen möchten, ist Ihnen überlassen. Sie müssen auch nicht direkt dort übernachten, sondern können dort auch erst tagsüber entspannen. Falls Sie tagsüber in Ihrer Wohnung Entspannung suchen, können Sie sich Hörbücher, Podcasts oder beruhigende Musik nebenbei anhören. Auch wenn die Hängematte in der eigenen Wohnung aufgespannt wird, sind Abenteuer und neue Erlebnisse garantiert.

18. DER BODEN IST LAVA

Besonders bei Kindern erfreut sich dieses Spiel großer Beliebtheit, doch nicht nur Kindern macht dieses Spiel Spaß. Probieren Sie es doch auch mal aus. Ziel des Spiels ist es, sich durch den Raum oder auch durch die ganze Wohnung zu bewegen, ohne den Boden zu berühren. Möbel wie Sofa, Sessel, Tisch etc. dürfen genutzt werden, um sich fortzubewegen.

Sie werden sehen, dieses Spiel macht mehr Spaß, als es zunächst scheint. Genauso gut kann dieses Spiel mit Freunden und Familie gespielt werden. Wer zuerst den Boden berührt, hat verloren. Wenn Sie mehr Herausforderung suchen, versuchen Sie von einem Raum in den nächsten Raum zu gelangen, ohne den Boden zu berühren. Nervenkitzel ist garantiert!

19. MOTTO-ABENDE

Sich das Wunschurlaubsziel nach Hause holen. Möglich wird das mit einem Motto-Abend ganz im Stil des jeweiligen Landes oder Themas. So kann es beispielsweise einen Motto-Abend rund um Spanien geben oder rund um das Thema Superhelden. Je nachdem, wonach Ihnen gerade ist. Für einen Motto-Abend können Freunde eingeladen werden, muss aber nicht. Denn auch allein macht der Motto-Abend Spaß.

Für einen Motto-Abend im Stil eines Landes können Sie landestypische Gerichte kochen, Musik hören und, falls vorhanden, passende Getränke trinken. Wer nicht selbst kochen möchte, kann auch Essen bestellen und es sich nach Hause liefern lassen.

20. LAGERFEUER

Den Tag an einem Lagerfeuer ausklingen zu lassen, bringt Abwechslung in den Tag. So können Sie sich schon am Morgen auf Ihr Mikroabenteuer am Abend freuen.

Es muss nicht einfach nur am Feuer gesessen werden, es können auch Speisen dort zubereitet werden. Dazu gehören nicht nur die bekannten Marshmallows, sondern auch Sandwiches oder Stockbrot. Zahlreiche Rezeptideen finden Sie im Internet oder in entsprechenden Kochbüchern.

Wer die Zeit nicht allein verbringen will, kann Freunde zu sich einladen und sich gemeinsam die Zeit mit Gesprächen und Spielen vertreiben. Aber auch um einfach den Moment zu genießen und den Abend entspannt ausklingen zu lassen, eignet sich ein Lagerfeuer hervorragend.

21. FOTOGRAFIEREN

Fotomotive lassen sich in Ihrer Wohnung, im Garten oder auf dem Balkon finden. Wie wäre es beispielsweise mit Bildern von den blühenden Blumen auf dem Balkon oder im Garten? Oder von dem Sonnenlicht, welches Ihr Wohnzimmer erhellt und vielleicht einen Schatten wirft?

Vielleicht ist der Sonnenuntergang an diesem Tag besonders schön, sodass er sich wunderbar für ein Foto eignet. Doch nicht nur in dem eigenen Zuhause können Fotos gemacht werden, sondern selbstverständlich auch draußen in der Natur. Vom Maisfeld, den Baumkronen, dem Kirschbaum. Was auch immer Ihnen vor die Linse kommt.

Wenn Sie geduldig sind, können Sie versuchen, Bilder von Insekten zu machen. Warten Sie beispielsweise auf einer Wiese darauf, dass sich eine Biene auf eine Blume setzt, und machen Sie davon ein Foto. So können Sie nicht nur den Moment genießen, sondern freuen sich auch umso mehr, wenn sich eine Biene auf der Blüte niedergelassen hat und Sie davon ein Foto machen konnten.

Probieren Sie sich auch mit den unterschiedlichen Winkeln aus. So können Sie ein Gänseblümchen beispielsweise nicht nur von oben fotografieren, sondern auch von der Seite, wenn Sie sich in das Gras legen, sodass das Gänseblümchen größer erscheint, als es eigentlich ist. Gehen Sie auch mal etwas weiter zurück und dann wieder näher ran. Probieren Sie sich mit Zoom und, falls vorhanden, Weitwinkel aus. Dadurch erscheint das Motiv immer unterschiedlich und Sie können schauen, wie Ihnen die Fotos am besten gefallen.

Wenn Sie mögen, können Sie die Fotos im Anschluss bearbeiten, so können Sie den Tag Revue passieren lassen, die schönen Fotos noch einmal bewundern und sich an der Bearbeitung dieser austoben. Bildbearbeitungsprogramme gibt es kostenlos für das Handy, gegebenenfalls auch für den Computer, herunterzuladen. Vorkenntnisse oder spezielles Wissen sind hierbei nicht notwendig. Vielleicht eignen sich die Bilder auch hervorragend, um sie anschließend entwickeln zu lassen und in einem Raum Ihrer Wahl aufzuhängen.

22. DIE MÖBEL UMSTELLEN

Das Umstellen von Möbeln bringt Abwechslung in die gewohnten Strukturen des eigenen Zuhauses. Wie wäre es beispielsweise, jeden Morgen beim Aufwachen den Himmel sehen zu können? Oder den Schreibtisch vors Fenster zu stellen, um beim Arbeiten herausgucken zu können?

Vielleicht sind Sie sowieso schon nicht wirklich zufrieden mit der Anordnung Ihrer Möbel, dann ist dieses Mikroabenteuer die perfekte Gelegenheit, einen Raum neu zu gestalten. Nach Belieben können Sie auch ausmisten und neu dekorieren. So wird Ihr Zuhause schnell in neuem Glanz erstrahlen und Sie haben Abwechslung.

23. SCHREIBEN EINER EIGENEN GESCHICHTE

In dem Kapitel wurde das Schreiben einer Geschichte bereits thematisiert. Dieses Mikroabenteuer soll sich allerdings auf die eigene Umgebung konzentrieren und das Themengebiet der Geschichte gegebenenfalls eingrenzen. Es soll das Ziel verfolgen, dass Sie sich bewusst und aktiv mit Ihrer Umgebung auseinandersetzen, beobachten und wahrnehmen, gleichzeitig aber Ihre Kreativität und Vorstellungskraft anregen. Wie genau das funktionieren kann, soll diese kurze Erläuterung zeigen:

Setzen Sie sich an Ihr Fenster und beobachten Sie das Leben draußen. Idealerweise sollte dieses Fenster die Sicht auf eine Straße oder Weg freigeben, damit Sie genügend Möglichkeiten haben, die Menschen und die Umwelt allgemein beobachten zu können.

Dieses Beobachten ist vermutlich schon etwas anderes, als Sie normalerweise machen würden. Doch nun Schreiben Sie mal alles auf, was passiert und kreieren Sie daraus eine eigene Geschichte. Eine Geschichte über den Tag, an dem Sie beobachten, oder eine fiktive Geschichte und erfinden Sie das Ende. Oder Sie nutzen Ihre Beobachtungen nur, um einen schönen Start in die Geschichte zu finden. So wird oftmals die erste Hürde schon überwunden und die weiteren Ideen fließen so dahin.

Wenn Sie mögen, können Sie die Geschichte auch aus unterschiedlichen Perspektiven erzählen. Was erlebt wohl die Fahrradfahrerin, die grade an Ihrem Fenster vorbeigefahren ist. Was geht wohl in ihrem Kopf vor, was ist ihr Ziel? Was macht sie wohl noch den ganzen Tag? Trauen Sie sich und finden Sie sich in die unterschiedlichen Perspektiven, Menschen und vielleicht sogar Tieren ein. Die Geschichte muss am Ende ja niemand lesen, doch Sie erleben etwas Neues und können das Schauen aus dem Fenster nutzen, um sich nicht nur die Zeit zu vertreiben, sondern Ihren Gedanken auch freien Lauf zu lassen.

Kurze Reisen als Mikroabenteuer

Wer die eigene Umgebung nicht mehr sehen kann oder einen Tapetenwechsel braucht, für den ist dieses Kapitel genau das Richtige. Im Folgenden sind verschiedene Ideen für Mikroabenteuer zusammengefasst, die Sie etwas weiter von sich zu Hause entfernt erleben können. Ob Sie eine Übernachtung mit einplanen möchten, ist ganz Ihnen überlassen. Ein Muss ist es aber auf keinen Fall.

24. IN DEN NÄCHSTEN ZUG STEIGEN

Wenn wir reisen, dann eigentlich immer mit einem konkreten Ziel. Selten fahren wir einfach so los und schauen, wohin es uns verschlägt. Doch genau dies soll in diesem Mikroabenteuer getan werden.

Wandern Sie beispielsweise zum nächsten Bahnhof in Ihrer Nähe oder nehmen Sie die öffentlichen Verkehrsmittel, um dorthin zu gelangen und steigen Sie in den nächsten Zug, der fährt. Sie können sich während der Fahrt oder schon im Vorhinein überlegen, ob Sie bis zur Endhaltestelle durchfahren möchten oder an einer Haltestelle auf dem Weg aussteigen wollen. Wenn Sie mögen, können Sie auch das Zufallsprinzip entscheiden lassen und steigen beispielsweise an dem sechsten Halt aus. Fahrkarten gibt es in unterschiedlichen Tarifen recht günstig zu kaufen. Am besten eignen sich für dieses Vorhaben die Regionalbahn oder andere Züge, die recht viele Haltestellen anfahren und wo die Fahrkarten nicht besonders viel kosten.

Wenn Sie mögen, können Sie auch in Ihrer Zielstadt übernachten und diese am nächsten Morgen noch weiter erkunden. Hierfür können Sie sich entweder ein Zelt mitnehmen oder Sie buchen spontan ein

Hostel oder eine andere Übernachtungsmöglichkeit. Wenn Sie planen, auch zukünftig öfter spontan in andere Städte zu reisen, kann es nützlich sein, sich über eine Karte über die Möglichkeit der Übernachtung in Herbergen zu informieren.

25. ERKUNDEN VON SEHENSWÜRDIGKEITEN

Meistens wird erst das Ziel der Reise gewählt und dann geschaut, welche Sehenswürdigkeiten die jeweilige Stadt zu bieten hat. Doch schauen Sie mal, welche Wahrzeichen und Sehenswürdigkeiten in Ihrer Nähe sind, die Sie lange nicht mehr gesehen und besichtigt haben. Sollten Sehenswürdigkeiten in Ihrer näheren Umgebung sein, können Sie dorthin wandern oder mit dem Fahrrad fahren. Andernfalls können Sie die Wahrzeichen mit dem Zug erreichen und gegebenenfalls sogar mehrere Wahrzeichen und Sehenswürdigkeiten an einem Tag besichtigen.

Wenn Sie mutig sind und sich ein größeres Abenteuer zutrauen, dann überlegen Sie sich doch mal, welche Sehenswürdigkeiten Sie interessieren würden. Möchten Sie beispielsweise mal wieder ein Schloss besichtigen? Dann schauen Sie im Internet nach Schlössern, die besichtigt werden können und die Sie ansprechend finden, bevor Sie nach dem eigentlichen Ort schauen. Unternehmen Sie einen Ausflug der anderen Art und schauen Sie, wohin es Sie verschlägt.

26. BESICHTIGEN VON BURGEN IN DER NÄHE

Wie oft besuchen Sie die Sehenswürdigkeiten und besonderen Orte in Ihrer Nähe? Natürlich sind sie irgendwann bekannt und man hält sich nicht mehr besonders oft dort auf und beachtet sie meist nur noch selten. Doch nehmen Sie sich bewusst die Zeit, die Wahrzeichen Ihrer Stadt zu besuchen und den Anblick dessen bewusster auf sich wirken zu lassen.

Gerade Burgen werden irgendwann zur Gewohnheit und nicht weiter beachtet. Dabei sind sie nicht nur ein Stück der Vergangenheit der Stadt, sondern auch immer noch besonders schön anzusehen. Wenn Sie mit Kindern unterwegs sind, bringen Sie ihnen doch die Geschichte hinter der Burg näher oder erfinden Sie Geschichten aus der Zeit, als die Burg noch aktiv genutzt wurde.

Doch nicht nur die Geschichte, der Anblick und die Möglichkeiten der Zeitgestaltung dort sprechen für einen Besuch auf der Burg, sondern auch der Ausblick über die Stadt und die Landschaft ist es wert, erwähnt zu werden. Genießen Sie den Ausblick und lassen Sie ihn noch eine Minute länger als sonst auf sich wirken. Wenn Sie mögen, können Sie dort auch picknicken oder spazieren gehen. Bei den meisten Burgen kann der Burgturm noch bestiegen werden.

Es gibt also viele unterschiedliche Möglichkeiten, dort Abenteuer zu erleben und gleichzeitig besuchen Sie die Orte, wo Sie länger nicht mehr waren oder sogar noch nie gewesen sind.

27. LOST PLACES ERKUNDEN

Ein „Lost Place“ meint einen vergessenen beziehungsweise verlassenen Ort. Unter einem Lost Place kann sich ein Gebäude, welches noch nicht historisch aufgearbeitet wurde und nicht unter Denkmalschutz steht, vorgestellt werden. Zudem erfahren diese Gebäude keine große Bedeutung. Diese Orte können von einem verlassenen Krankenhaus über Bauernhöfe bis hin zu Tunneln oder Scheunen reichen.

Dadurch, dass die Gebäude keine große Aufmerksamkeit erfahren, lassen sich noch zahlreiche Gegenstände, wie beispielsweise die Hauseinrichtung, dort finden. Oftmals wurden Fotos von den verlassenen Gebäuden gemacht, die im Internet hochgeladen werden.

In der Regel werden die Adressen der Lost Places im Internet nicht bekanntgegeben, da die Orte gerne verschmutzt und teilweise auch kaputt gemacht werden. Aber was genau ist an einem Lost Place nun ein Mikroabenteuer?

Menschen, die hobbymäßig Lost Places suchen und erkunden, reizt es zu sehen, was sich in den Gebäuden befindet, wie gut erhalten sie sind und da der Besuch eines solchen Ortes teilweise nicht erlaubt ist, kann dies einen weiteren Reiz darstellen. Grundsätzlich sind Lost Places gut geeignet, um aus den eigenen vier Wänden herauszukommen, Neues zu erleben und Nervenkitzel zu spüren. Vielleicht wird dies ja ein neues Hobby?

Wie bereits erwähnt, werden die genauen Adressen der Lost Places in der Regel nicht im Internet verbreitet. Sicherlich stellt sich für Sie nun die Frage, wie Sie einen Lost Place besuchen und erkunden sollen, wenn Sie keine genaue Adresse finden können?

Vielleicht kennen Sie ja sogar verlassene Gebäude in Ihrer Umgebung oder wollten schon immer einmal wissen, was wohl mit dem Haus in Ihrer Nähe passiert ist, in dem seit längerer Zeit niemand mehr wohnt. Oder Sie kennen Bekannte, Freunde, Familie, welche wissen, wo Sie in der Nähe verlassene, aber dennoch gut erhaltene Gebäude finden können. Alternativ können Sie auch in Facebook-Gruppen oder auf anderen Plattformen schauen. Achten Sie unbedingt darauf, dass das Gebäude sicher und nicht einsturzgefährdet ist. Vor allem dann, wenn Sie vorhaben, das Gebäude zu betreten. Sollte Ihnen etwas komisch vorkommen oder Sie sich unwohl fühlen, sollten Sie den Ort verlassen.

Für mehr Sicherheit und um herauszufinden, ob Sie überhaupt Gefallen an verlassenen Gebäuden haben, können Sie sich für das erste Mal einen Menschen mitnehmen, der schon Erfahrung hat. Dieser kann Ihnen wertvolle Tipps und Hinweise für das nächste Mal mit auf den Weg geben.

28. ÜBERNACHTEN AUF DEM CAMPING PLATZ

Eine Nacht in einem Zelt oder, falls vorhanden, Wohnwagen zu verbringen, sorgt nicht nur für Erholung, sondern bietet gleichzeitig Abwechslung und Abenteuer.

Es kann entweder ein Campingplatz in der Nähe besucht werden oder an einem Ort der eigenen Wahl. Vielleicht sogar ein Ort, an dem Sie noch nie waren oder wo es viel zu sehen gibt.

Die Zeit kann allein verbracht werden, um sich von dem Arbeitsalltag zu erholen und neue Kraft zu tanken oder aber auch gemeinsam mit Freunden. Eine Übernachtung auf dem Campingplatz macht nicht nur Spaß, sondern Sie können auch die Umgebung und die Stadt in der Nähe am nächsten Tag besichtigen und anschauen. Suchen Sie sich ein paar Wahrzeichen der Stadt und Orte aus, die Sie gerne besuchen würden und los geht's. Oder wie wäre es mit einer Wanderung durch die Landschaft?

Actionreiche Mikroabenteuer in ganz Deutschland

Wer Nervenkitzel sucht und bereit ist, dafür gegebenenfalls weit zu reisen, der findet in diesem Kapitel mit Sicherheit genau das Richtige für sich. Selbstverständlich können auf dem Weg zu diesen Mikroabenteuern Stopps eingelegt werden und andere Mikroabenteuer erlebt werden. Ganz nach der eigenen Lust und Laune.

Auch die Unterbringung sowie die An- und Abreise sind nach Belieben und nach dem eigenen Budget variierbar. Da es sich bei Mikroabenteuern um kostengünstige Abenteuer handeln soll, werden in diesem Kapitel Möglichkeiten der kostengünstigen Unterbringung mit aufgeführt.

29. WANDERUNG AUF DIE ZUGSPITZE

Der Traum, einmal ganz oben zu stehen und hinunterzublicken, kann wahr werden. Oft wird die Zugspitze immer nur von unten gesehen. Wenn überhaupt. Doch einmal dort oben zu stehen, mit dem Gipfelkreuz direkt vor einem, ist ein ganz besonderes Erlebnis und definitiv ein echtes Abenteuer.

Die Zugspitze bei Garmisch-Partenkirchen misst eine Höhe von etwa 2.962 Metern und ist somit der höchste Berg in ganz Deutschland. Kein Wunder, dass eine Wanderung darauf wirklich lange im Gedächtnis bleibt.

Doch auf ein solches Abenteuer sollte sich gut vorbereitet werden. Denn für den Aufstieg ist geeignete Ausrüstung erforderlich. Dazu gehört beispielsweise ein Helm, Handschuhe, Wanderschuhe (für

Steigeisen geeignet), Klettergurt, Steigset und ein Rucksack. Zudem sollten Sie den Aufstieg vom Wetter abhängig machen. Am besten ist es, die Wanderung im Sommer zu unternehmen, da es zum einen für Sie nicht so kalt ist und zum anderen kann es durch das kalte und teils schlechte Wetter bei dem Aufstieg Probleme geben. Bei Unwetter sollte der Aufstieg verschoben werden, da die Gefahr und das Risiko für Sie zu hoch wären.

Empfehlenswert ist es, morgens mit dem Aufstieg zu beginnen. So haben Sie die schwierigen Etappen bis zur eintretenden Mittagshitze gemeistert. Falls Sie nicht auf die Zugspitze wandern möchten, aber dennoch die schöne Aussicht nicht verpassen möchten, ist eine Fahrt mit der Seilbahn, der Zahnradbahn oder auch der Gletscherbahn empfehlenswert. Die Zahnradbahn bietet den Vorteil, dass sie direkt an dem Bahnhof in Garmisch-Partenkirchen startet.

Möglichkeit der Unterbringung

Am preiswertesten ist die Möglichkeit der Übernachtung in einem Zelt. Nach Belieben sogar unter freiem Himmel. Wer einen Wohnwagen zur Verfügung hat, kann nach Campingplätzen in der Nähe Ausschau halten. Es ist allerdings wichtig, dass Sie sich vorher informieren, ob das Zelten an Ihrem gewünschten Ort erlaubt ist.

Wer lieber in einem Hotel schlafen möchte, wird selbstverständlich auch schnell fündig. Je nach dem eigenen Budget können verschiedene Hotelzimmer in den unterschiedlichen Preisklassen gebucht werden.

Wer dieses Abenteuer gemeinsam mit Freunden plant, kann über eine Ferienwohnung nachdenken. Dies bietet den Vorteil, dass der Preis der Wohnung direkt untereinander aufgeteilt werden kann, aber auch, dass unabhängig von der Wanderung auf die Zugspitze die Zeit miteinander verbracht werden kann und so Abstand zum gewöhnlichen

Alltag gewonnen werden kann. Zudem wird mit Sicherheit ein Gefühl der Verbundenheit untereinander aufkommen.

30. MIT EINEM HAUSBOOT ÜBER DIE MÜRITZ

Die Müritz ist ein See, der größte See, welcher vollständig innerhalb von Deutschland liegt, in Mecklenburg-Vorpommern.

Nicht nur die Zeit an der Müritz selbst sorgt für Entspannung und Erholung, sondern auch Ihre Unterkunft. Haben Sie schon mal ein paar Tage, vielleicht ein Wochenende, in einem Hausboot verbracht? Wenn dies noch nicht der Fall war, können Sie dies mit diesem Mikroabenteuer erleben.

Sie können nicht nur den Ausblick auf die Müritz genießen, sondern kommen während Ihrem Aufenthalt auch an kleinen Städten und schönen Ufern vorbei. Zudem trägt Sie das Hausboot nicht nur durch die Müritz, sondern auch durch die vielen Nachbarseen. Je nach Ihrer Laune und Abenteuerlust, können Sie stets an Land gehen und schauen, was die Umgebung zu bieten hat.

Auch der Landgang bietet Möglichkeiten für Mikroabenteuer. Wie wäre es beispielsweise mit einem Picknick am Ufer? Während Sie den See und vielleicht sogar die untergehende Sonne auf sich wirken lassen. Oder möchten Sie Ihre Zeit lieber etwas sportlicher verbringen? Wie wäre es mit einer Wanderung durch die Natur, welche Sie umgibt?

Für das Hausboot ist kein Bootsführerschein erforderlich, weswegen sich dieser Aufenthalt für jeden perfekt eignet. Auch Vorkenntnisse sind nicht erforderlich. Damit Sie dennoch mit dem Hausboot vertraut sind und wissen, wie alles funktioniert, bekommen Sie eine Einweisung sowie eine kurze Art Fahrstunde, bevor Sie allein mit dem Hausboot aufbrechen können. Falls Sie ein Abenteuer für die ganze Familie oder mit

Freunden suchen, eignet sich der Aufenthalt auf dem Hausboot wunderbar, da dieses, je nach Größe, für bis zu 12 Personen Platz bietet.

31. TREKKING DURCH DEN SCHWARZWALD

Wer gerne wandert und auf der Suche nach neuen Strecken und gleichzeitig auch neuen Abenteuern ist, für den ist dieses Mikroabenteuer genau das Richtige. In den vorherigen Kapiteln wurde bereits das Mikroabenteuer „von zu Hause aus loswandern“ beschrieben. Dieses Mikroabenteuer kann nun als eine Art Erweiterung gesehen werden. Vielleicht haben Sie durch das Abenteuer des einfach Loswanderns Gefallen am Wandern gefunden und suchen nun ein neues Abenteuer. Dann ist dieses perfekt für Sie geeignet. Sie können den Schwarzwald erkunden und dabei die pure Natur erleben. Auf den Wanderwegen ist eigentlich nie viel los, sodass Sie sich ungestört auf sich und die Natur konzentrieren können.

Die Nächte können ebenfalls in der Natur des Schwarzwaldes verbracht werden. Wärmen Sie sich abends an einem Lagerfeuer auf und schlafen Sie anschließend zu den beruhigenden Geräuschen des Waldes ein.

Es ist sogar erlaubt, mitten in der Natur zu übernachten. Dies ist eine Ausnahme, da das Wildzelten, sprich das Zelten mitten in der Natur, normalerweise in Deutschland nicht erlaubt ist. Es gibt insgesamt neun dieser Zeltplätze im Schwarzwald.

Diese Zeltplätze sind nur zu Fuß zu erreichen, weswegen es hilfreich ist, sich im Vorhinein mit genügend Nahrung und benötigtem Equipment auszustatten. Außerdem ist es gut zu wissen, dass es auf diesen Zeltplätzen keine Sanitäranlagen gibt. Es sind lediglich ein Toilettenhaus sowie eine Feuerstelle vorhanden.

Damit Sie die Natur in vollen Zügen genießen und erleben können und um eine Ansammlung von Menschen zu vermeiden, sind die Zeltplätze nur für drei Personen/Zelte ausgelegt. Es ist daher ratsam, die Übernachtung auf den Zeltplätzen vor der Wanderung zu buchen. Dies ist über das Internet möglich. Ein solcher Zeltplatz kostet pro Nacht ungefähr 10 Euro.

Vielleicht fragen Sie sich nun, was Ihnen dieses Mikroabenteuer bringen soll. Sie erleben nicht nur die Natur hautnah und können Ihren gewohnten Alltag hinter sich lassen, sondern Sie lernen auch einiges über sich. Wir Menschen neigen dazu, viel zu kaufen. Uns wird der Konsum von verschiedenen Werbungen, mit denen wir täglich konfrontiert werden, nur so eingebläut. Wir brauchen dieses und jenes Produkt, heißt es. Da Sie sich bei diesem Mikroabenteuer nur auf das Nötigste beschränken können, werden Sie schnell merken, wie wenig Sie eigentlich nur brauchen, und dass es für das eigene persönliche Glück nur wenig braucht. Falls Sie dieses Mikroabenteuer allein erleben möchten, werden Sie durch die Ruhe, die Sie in der Natur erleben werden, Zeit haben, Ihren Gedanken nachzuhängen und sich ganz auf sich selbst konzentrieren zu können. Sie werden Abstand von der gewohnten Schnelllebigkeit bekommen, die uns tagtäglich im Alltag begleitet und deutlich entspannter nach Hause zurückkehren.

32. KANUFAHRT AUF DER LAHN

Sind Sie schon mal Kanu gefahren? Oder wollten Sie es schon immer ausprobieren, haben es aber nie geschafft? Dann ist dies die perfekte Gelegenheit dafür. Die Lahn ist östlich des Rheins gelegen und 250 Kilometer lang. Da die Lahn durch insgesamt drei Bundesländer fließt, kann die Kanutour beliebig begonnen und auch beendet werden.

Eine gute Stelle für die Kanutour ist südlich von Marburg. Bei Roth, ein Ortsteil Weimars, kann die Kanutour begonnen werden. Von dort aus werden Sie mehrere Schleusen sowie den ältesten und zugleich längsten Schiffstunnel passieren. Genießen Sie den Blick auf die Ortschaften, die an Ihnen vorbeiziehen.

Die Lahn eignet sich so gut für eine Kanutour, da das Flussufer ausgebaut wurde und sich somit gut für Kanufahrer eignet. Außerdem lassen sich Picknick-Plätze in der Natur finden, die zu einer Stärkung einladen sowie Biergärten und Toilettenhäuschen. Diese sind so platziert, dass Sie auf der Strecke regelmäßig an ihnen vorbeikommen und sich spontan überlegen können, ob Sie eine Pause einlegen möchten.

Falls Sie sich nun fragen, wie Sie überhaupt an ein Kanu kommen können, bekommen Sie nun die passende Antwort: Sie können zahlreiche Kanu-Verleihe rund um Weimar finden, falls Sie vorhaben, dort die Tour zu beginnen. Falls Sie planen, an einer anderen Stelle der Lahn zu beginnen, werden Sie vor Ort ebenfalls Kanu-Verleihe finden. Mögliche Verleihe können über das Internet in Erfahrung gebracht werden.

Wichtig ist außerdem zu wissen, dass Sie den Wasserpegel der Lahn prüfen sollten, bevor Sie das Kanu zu Wasser lassen. Ist der Pegelstand zu hoch, sollte von einer Kanutour zunächst abgesehen werden, da dies nicht sicher wäre.

Möglichkeit der Unterbringung

Da sich dieses Mikroabenteuer gut für einen Tagestrip eignet, ist eine Unterbringung für die Nacht nicht zwingend erforderlich. Wenn Sie am nächsten Tag die Umgebung erkunden und anschauen wollen oder sich vielleicht auf den Weg zu einem weiteren Abenteuer machen wollen, ist eine Übernachtung ratsam. Am sinnvollsten ist es, sich eine Übernachtungsmöglichkeit in dem Ort zu suchen, wo Ihre Kanutour endet. Wenn Sie mögen, können Sie zu dieser Übernachtungsmöglichkeit wandern oder auf die öffentlichen Verkehrsmittel zurückgreifen. Neben der Möglichkeit der Übernachtung in einem Hotel, können Sie auch einen Platz auf einem Campingplatz oder in einem Hostel buchen.

33. RAFTING-TOUR AUF DER ERFT UND DEM RHEIN

Unter „Rafting" wird das Wildwasserfahren verstanden und zählt zu den Wassersportarten. Wildwasserfahren meint, dass auf einem Schlauchboot ein Fluss befahren wird. Besonders viel Spaß macht Rafting mit mehreren Menschen. Vielleicht findet sich sogar eine Freundesgruppe zusammen?

Das Besonders am Rafting ist, dass Action und Nervenkitzel erlebt werden können, aber im nächsten Moment der eigene Blick über die Landschaft und das Ufer wandern kann. Die Erft eignet sich perfekt für Rafting-Touren. Auf insgesamt 107 Kilometern Länge können Sie actionhaltige Passagen sowie ruhigere Stellen finden. So kommt jeder auf seine Kosten!

Sind Sie im Rhein angekommen, geht es deutlich langsamer und entspannter zu. Dennoch können Sie auch hier noch gut was erleben. Denn hier werden Sie an Binnenschiffen vorbeikommen und genügend Zeit haben, Düsseldorf und die Umgebung aus einer neuen Perspektive zu beobachten. Vor allem die Binnenschiffe machen vom Schlauchboot aus einen besonderen Eindruck.

Eines wird bei diesem Mikroabenteuer auf jeden Fall klar: Selten liegen Action, Adrenalin und der schöne Blick auf die vorbeiziehende Landschaft und die Ufer so nah beieinander.

Möglichkeit der Unterbringung
Wenn Sie dieses Mikroabenteuer gemeinsam mit Freunden erleben, ist es ratsam, auch gemeinsam eine Übernachtungsmöglichkeit zu suchen. Besonders viel Spaß macht die gemeinsame Übernachtung in einem Zelt. Schlagen Sie es auf einem Campingplatz der Wahl auf. Sitzen Sie bis spät abends miteinander am Lagerfeuer. Erzählen Sie sich gegenseitig Geschichten. Lachen Sie zusammen und genießen Sie einfach die Zeit miteinander. Wenn Sie mögen, können Sie sich auch einen Wohnwagen oder ein Wohnmobil leihen. So wird Abenteuer mit einer schönen Reise kombiniert. Machen Sie daraus doch beispielsweise einen schönen Wochenendurlaub und fahren Sie mehrere Orte und Campingplätze an.

34. ERKUNDEN VON HÖHLEN

Höhlen gibt es viele in Deutschland. Viele davon sind für Besucher zugänglich. Auch Tropfsteinhöhlen können besichtigt werden und eignen sich perfekt für Ihr nächstes Abenteuer.

Im Internet können schnell die verschiedenen Höhlen und Tropfsteinhöhlen ausgemacht werden. Dieses Buch soll Ihnen nur eine kleine Anzahl und Ideen an möglichen Höhlen liefern. Vielleicht befindet sich eine sogar in Ihrer Nähe?

- Marienglashöhle in Friedrichroda (Thüringer Wald)
- Wendelsteinhöhle in Brannenburg
- Eberstädter Tropfsteinhöhle
- Saalfelder Feengrotten
- Segeberger Kalkberghöhle

Mikroabenteuer für und mit Kindern

Um Kindern Abwechslung und Abenteuer zu bieten, muss nicht tief in die Tasche gegriffen werden. Denn diese Mikroabenteuer lassen sich hervorragend in der eigenen Umgebung oder sogar im eigenen Zuhause umsetzen. Diese Inspirationen für Mikroabenteuer sind nicht nur für die Kinder geeignet, sondern auch perfekt für neue Erlebnisse als Familie.

Begeben Sie sich selbst für einen Moment auf eine Zeitreise und fragen Sie sich: Was haben Sie in Ihrer Kindheit gerne unternommen? Was hat Ihnen gefallen? So finden Sie Inspirationen und Ideen für Aktivitäten mit Ihren Kindern. Vielleicht möchten Sie ihnen sogar etwas ganz Bestimmtes zeigen oder ihnen näherbringen, wie Sie sich damals gerne die Zeit vertrieben haben.

35. KRÄUTER/BLUMEN PFLÜCKEN

Kinder erkunden gerne ihre eigene Umwelt und sind neugierig sowie wissbegierig. Dies lässt sich auch optimal mit diesem Mikroabenteuer fördern. Sammeln und pflücken Sie gemeinsam mit Ihrem Kind Kräuter und verschiedene Blumen. Geben Sie Ihrem Kind vielleicht auch Wissen zu den jeweiligen Kräutern und Blumen mit auf den Weg: Was unterscheidet dieses Kraut von anderen? Wofür ist es gut? Was ist dies für eine Blume?

Nach dem gemeinsamen Pflücken können Sie gemeinsam mit Ihrem Kind aus den Blumen einen Blumenstrauß binden. Suchen Sie anschließend gemeinsam einen geeigneten Platz für den Strauß. Stellen Sie etwas aus den Kräutern her, die Sie gepflückt haben. Informieren Sie sich doch mal, ob die Kräuter auch in der Küche einsetzbar sind und kochen Sie gemeinsam mit Ihrem Kind das Essen mit den Kräutern. Durch dieses Mikroabenteuer können Sie Ihrem Kind zum einen Abwechslung bieten, ohne viel Geld ausgeben zu müssen, gleichzeitig können Sie den Wissensdurst und die Entdeckerlust fördern. Möglicherweise erkennt Ihr Kind beim nächsten Mal die einzelnen Blumen und Kräuter direkt wieder.

36. STOCKBROT MACHEN

Machen Sie abends ein Lagerfeuer und bereiten Sie das Stockbrot gemeinsam mit Ihrem Kind zu. Dies bietet dem Kind Abwechslung und macht noch dazu sehr viel Spaß.

Binden Sie Ihr Kind in die Zubereitung des Teigs mit ein. Sammeln Sie gemeinsam Holz für das Feuer und Stöcker, um das Stockbrot aufzustecken. Doch es eignen sich nicht alle Stöcker für das Stockbrot. Greifen Sie auf Stöcker der Bäume Haselnuss, Buche und Weide zurück. Holunder und Eibe sind giftig.

37. STERNE UND STERNSCHNUPPEN BEOBACHTEN

Zusammen im eigenen Garten oder auf der Terrasse sitzen und gemeinsam die Sterne bewundern und nach Sternschnuppen Ausschau halten. Zeigen Sie Ihrem Kind die einzelnen Sternbilder oder suchen Sie diese gemeinsam. Vielleicht wissen Sie sogar einiges rund um das Sonnensystem und die Sterne? Viele Kinder träumen davon, eine Sternschnuppe zu sehen und sich etwas wünschen zu können. Den Wunsch teilen mit Sicherheit viele, denn es ist ja irgendwo auch etwas Besonderes. Erleben Sie mit Ihrem Kind gemeinsam dieses Abenteuer der Sternschnuppen und Sternbilder.

Wer findet zuerst den großen Wagen? Oder wer findet den Stern, der am hellsten leuchtet? Solche Suchspiele können zusätzliche Abwechslung bieten.

38. EINE HÖHLE BAUEN

Das Wohnzimmer wird oft zum Spielplatz. Die Kreativität und Fantasie der Kinder sind grenzenlos und warum sollte man dies nicht nutzen und gemeinsam in eine neue Welt eintauchen? Bauen Sie gemeinsam mit Ihrem Kind eine Höhle im Wohnzimmer, Kinderzimmer oder Schlafzimmer.

Dies geht mit Decken und zusammengestellten Stühlen oder einem Tisch wunderbar. Vielleicht hat Ihr Kind sogar eine eigene Idee, wie die Höhle aussehen soll? Um das Mikroabenteuer noch weiter abzurunden, können Sie gemeinsam ein Buch mit einer Taschenlampe lesen oder sich zusammen Geschichten erzählen/ausdenken. Sie werden merken, die Zeit vergeht wie im Flug und dieses Mikroabenteuer bietet Ihrem Kind Spaß und Abwechslung.

39. EINE HÜTTE IM WALD

Nicht nur das eigene Zuhause kann für ein Bauprojekt genutzt werden, sondern auch der Wald vor der Haustür. Sammeln Sie Äste und Stöcker und bauen Sie eine Hütte oder ähnliches im Wald. Der Kreativität Ihres Kindes ist auch hier keine Grenze gesetzt. Egal, ob von der möglichen Dekoration mit Hilfe von Moos oder Blumen bis hin zur Form, Größe und Ort der Hütte.

Bauen Sie diese Höhle gemeinsam mit Ihrem Kind. Dies verbindet und Sie beide bekommen Abwechslung und haben gemeinsam Spaß. Aber auch mit den eigenen Freunden kann Ihr Kind eine Hütte bauen. Dies ist beispielsweise auch für einen Kindergeburtstag ideal geeignet.

40. FEENTÜREN FINDEN

Suchen Sie bei dem nächsten Spaziergang das Zuhause der Feen. Unter Feentüren lassen sich Einkerbungen in der Baumrinde verstehen, die aussehen wie eine Tür, die in das Bauminnere führt. Im Inneren des Baumes ist das Zuhause einer oder sogar mehrerer Feen. Suchen Sie gemeinsam mit Ihren Kindern solche Feentüren. Wer findet als Erstes eine Tür?

41. EINEN BAUERNHOF BESUCHEN

Viele Kinder sind fasziniert von Tieren und können nicht genug von ihnen kriegen. Warum nicht einfach mal einen Bauernhof besuchen und den Kindern das Melken und die verschiedenen Aufgaben auf einem Bauernhof näherbringen? Vielleicht haben Sie ja Bekannte mit einem Bauernhof. Ansonsten gibt es auch genug Bauernhöfe, die für Fremde offen sind. Da können Sie sich am besten im Internet oder in Ihrer Umgebung erkundigen.

Zeigen Sie Ihrem Kind die einzelnen Tiere. Vielleicht kann es sogar eins streicheln? Auch das Vorbeifahren eines Treckers wird mit Sicherheit spannend und aufregend sein.

42. STEINE BEMALEN

Die Kreativität des Kindes fördern, neue kreative Projekte entstehen lassen und sich gemeinsam über das Ergebnis freuen. Sammeln Sie gemeinsam mit Ihrem Kind Steine aus Ihrer Umgebung. Nehmen Sie diese mit nach Hause und bemalen Sie sie gemeinsam. So entstehen nicht nur bunte Muster oder kleine Gemälde, sondern Sie verbringen Zeit miteinander und erleben etwas Neues.

Diese Steine können Sie anschließend in der Wohnung oder wieder in der Natur verteilen. Legen Sie diese bemalten Steine beispielsweise an den Wegesrand, wo Sie und Ihr Kind täglich oder sogar noch öfter vorbeikommen. So können Sie sich jedes Mal über die bemalten Steine freuen.

Sie können die bemalten Steine auch in Ihren Vorgarten legen oder an einem Waldweg verteilen. Suchen Sie gemeinsam geeignete Stellen und halten Sie von nun an immer Ausschau nach den eigenen Steinen.

43. TIERE BEOBACHTEN

Tiere in ihrem natürlichen Lebensraum zu beobachten ist nicht nur für Erwachsene spannend. Auch Kinder freuen sich, wenn ein Tier auftaucht und sie dieses beobachten können. Halten Sie gemeinsam nach Tieren Ausschau. Egal, ob Vögel, Rehe im Wald oder Enten an einem Teich.

Spazieren Sie beispielsweise zusammen durch Ihre Umgebung und suchen Sie die unterschiedlichen Tiere. Halten Sie zusammen inne und schauen Sie, was die Tiere unternehmen. Vielleicht wissen Sie Details und wissenswerte Informationen zu den einzelnen Tieren und können diese an Ihre Kinder weitergeben? Falls Sie in einer Großstadt wohnen und keinen Wald in Ihrer Nähe haben oder sich keine Tiere finden lassen, sind Tierparks eine gute Möglichkeit, um gemeinsam Tiere beobachten zu können.

Meist gibt es auch einen extra Streichelzoo, wo Ihr Kind ganz nah an eine Ziege herankommen kann. Beobachten Sie gemeinsam die Tiere. Schauen Sie, wie sich diese verhalten. Wie wäre es mit einem anschließenden Bild? Malen Sie gemeinsam die einzelnen Tiere, die Sie an diesem Tag gesehen haben.

44. EINE LATERNE FÜR DAS MARTINSSINGEN SELBST BASTELN

Anfang November ist das Martinssingen. Kinder laufen von Haus zu Haus, singen Lieder und bekommen Süßigkeiten. Oftmals wird dieser Tag auch im Kindergarten oder in der Grundschule mit einem Umzug gefeiert. Da die Kinder mit Laternen umherlaufen, ist es ein schöner Anlass und Möglichkeit, eine solche Laterne selbst zu basteln.

Überlegen Sie sich gemeinsam, welches Motiv oder Tier Sie basteln möchten. Vielleicht hat Ihr Kind auch schon eine eigene Idee, die Sie zusammen basteln können. Inspirationen und Ideen gibt es dafür häufig schon im Kindergarten oder der Grundschule.

Anleitungen für eine solche Laternenfigur finden Sie im Internet oder in unterschiedlichen Büchern. Verbringen Sie gemeinsam den Nachmittag und basteln Sie eine Laterne für das Martinssingen. Einmalig ist diese definitiv!

Mikroabenteuer für den Feierabend

Sie machen nach der Arbeit immer das Gleiche? Oder Sie wissen nicht, wie Sie von der Arbeit abschalten können und den Kopf frei bekommen? Dann finden Sie im Folgenden ein paar Inspirationen für Mikroabenteuer, die wunderbar nach der Arbeit erledigt werden können. Sie können sich auch wunderbar selbst testen. Sind Sie nach den Mikroabenteuern ausgeglichener? Waren Sie am nächsten Tag sogar fokussierter? Konnten Sie vielleicht sogar am Abend besser einschlafen?

45. VERSCHÖNERUNG DER EIGENEN UMGEBUNG

Sich um den eigenen Balkon oder Garten zu kümmern, macht Spaß und bringt Erholung. Doch die Bepflanzung wird schnell zur Gewohnheit und ist nichts Spannendes mehr. Nun kann etwas Pepp hineingebracht werden.

Fahren Sie mit dem Bus oder Fahrrad zur Arbeit? Oder nehmen Sie das Auto? Nehmen Sie sich doch vor, den Weg zu Ihrer Arbeit schöner zu gestalten. Wie? Heben Sie sich bei der nächsten Bepflanzung Ihres Balkons Samen auf und verteilen Sie diese in Ihrer Umgebung, wie beispielsweise an der Grünfläche, an der Sie täglich vorbeikommen. Oder pflanzen Sie welche in den Vorgarten. Nicht nur das Säen an sich macht Spaß, sondern Sie können nun jeden Tag schauen, wie groß die neue Blume schon geworden ist und sich darüber freuen.

46. SELF CARE

Viel zu oft vergessen wir, uns selbst etwas Gutes zu tun. Dabei kann dies ganz einfach in die eigene Tagesroutine integriert werden. Damit dies noch ein Mikroabenteuer ist, können die einzelnen Aktivitäten, die einem gut tun, abgewechselt werden. Was auch immer Ihnen gut tut, nehmen Sie sich die Zeit dafür. Ob es gutes Essen ist, worauf Sie richtig Hunger haben, ein Sport-Workout, ein Bad, ein Spaziergang, können Sie für sich selbst entscheiden.

Der Vorteil von diesem Mikroabenteuer ist, dass Sie sich selbst etwas Gutes tun und dabei Ihre Umgebung bei einem Spaziergang, joggen etc. wahrnehmen oder einfach bewusst aus den gewohnten Strukturen Ihres Alltags ausbrechen.

47. TAGEBUCH SCHREIBEN

Den Tag Revue passieren lassen und seine Gedanken, Wünsche und Vorhaben notieren. Klingt nicht besonders spannend, doch macht Spaß und bringt Sie vom Stress des Tages runter. Überlegen Sie, was an diesem Tag gut gelaufen ist, was hat Ihnen Spaß und Freude bereitet? Worüber sind Sie vielleicht sogar stolz?

Reflektieren Sie auch die negativen Seiten und Erlebnisse des Tages. Was könnten Sie besser machen? Was hat Sie geärgert, war im Nachgang aber gar nicht so schlimm?

Die Tagebuch-Einträge können Sie sich beispielsweise jede Woche durchlesen und vergleichen. Was hat sich geändert, haben Sie sich sogar weiterentwickelt, ohne es gemerkt zu haben? Vielleicht müssen Sie sogar über manche Einträge lachen?

48. NEUE HERAUSFORDERUNGEN

Viel zu oft nutzen wir Ausreden wie „nein, das kann ich nicht“ oder „ich habe keine Zeit dafür“. Selten machen wir es einfach, dabei können wir so viel verpassen, wenn wir immer in den alten Mustern verbleiben.

Haben Sie eine Sportart, die Sie ausprobieren möchten, es aber nie getan haben? Wollten Sie schon mal sich selbst herausfordern und an Ihre eigenen Grenzen gehen, haben es aber nie? Worauf haben Sie gewartet? Standen Sie sich sogar selbst im Weg?

Sich selbst herauszufordern muss gar nicht schwer oder aufwendig sein. Oftmals kann dies auch im Alltag geschehen. Egal, ob es das Aufstehen beim ersten Weckerklingeln ist oder abends noch die Spülmaschine auszuräumen. Selbst aus den gewohnten Mustern ausbrechen und es mal anders machen, kann einen selbst gut herausfordern.

Doch nicht nur im Alltag können Sie sich den eigenen Herausforderungen stellen. Haben Sie mal darüber nachgedacht, bei einem Marathon mitzumachen und auf dieses Ziel konsequent hinzuarbeiten? Oder wirklich regelmäßig ins Fitnessstudio zu gehen? Was auch immer Ihre eigene Herausforderung ist, seien Sie mutig und stellen Sie sich dieser.

49. NEUE HOBBIES AUSPROBIEREN

Sich neu auszuprobieren, neue Interessen zu finden und etwas mit Leidenschaft machen. Haben Sie schon mal daran gedacht, ein neues Hobby auszuprobieren? Wenn nicht, vielleicht nach diesem Kapitel.

Hobbys müssen nicht unbedingt mit einer kostenpflichten Mitgliedschaft verbunden sein. Sie können auch zu Hause oder in der Natur stattfinden. Möglicherweise entdecken Sie sogar eine neue Leidenschaft für sich? Schnappen Sie sich beispielsweise mal Ihre Kamera oder Ihr Smartphone und gehen Sie raus in die Natur und suchen nach

Fotomotiven. Nicht nur die Bäume, Blumen, sondern auch verschiedene Tiere können gut als Fotomotiv dienen.

Sich kreativ auszuleben und etwas zu basteln oder zu malen, vielleicht ein Möbelstück sogar selbst herzustellen, ist nicht nur ideal, um abends etwas herunterzufahren, sondern kann ideal als ein neues Hobby ausprobiert werden. Vielleicht finden Sie Gefallen daran und leben sich öfter kreativ aus. Ein neues Hobby muss also gar nicht im Verein stattfinden, besonders viel Geld kosten oder viel Zeit in Anspruch nehmen. Sie können auch zu Hause ausprobiert und in den Alltag etabliert werden.

50. SPAZIEREN IM REGEN

Oft fühlt sich der Feierabend immer gleich an. Bei schlechtem Wetter neigen wir dazu, uns zu Hause einzukuscheln. Aber dabei kann ein Spaziergang auch bei schlechtem Wetter sehr schön sein. Trauen Sie sich!

Ziehen Sie Ihre Regenjacke und geeignete Schuhe an und machen Sie einen Spaziergang draußen bei Regen. Ihre Umgebung sieht bei Regen nochmal ganz anders aus als bei Sonnenschein. Die meisten Menschen sind bei Regen nicht auf der Straße zu finden, sodass Sie Ihre Ruhe haben und alles in Ruhe anschauen können. Halten Sie auch Ausschau nach den verschiedenen Tieren, die bei Regen zu finden sind. Wie viele Schnecken finden Sie? Lauschen Sie dem Regen, der auf die Blätter eines Baumes fällt. Ein Spaziergang durch den Wald bietet sich besonders gut an.

51. EINEN ANDEREN WEG NACH HAUSE WÄHLEN

Oftmals verfallen wir in Gewohnheiten und merken es gar nicht richtig. Bestimmte Abläufe nehmen wir gar nicht mehr bewusst wahr. Nehmen Sie auch immer den gleichen Weg nach Hause? Und betrachten Sie Ihre

Umgebung schon gar nicht mehr richtig, da es ja zur Gewohnheit gehört? Nehmen Sie mal einen anderen Weg zur Arbeit. Sie können auch immer mal wieder einen völlig neuen Weg nach Hause nehmen.

Wenn Sie mit den öffentlichen Verkehrsmitteln fahren, steigen Sie doch mal an einer Haltestelle später ein oder verzichten Sie ganz auf die Fahrt und laufen Sie nach Hause. Natürlich nur, wenn der Weg nicht viele Stunden dauern würde. Wenn Sie mit dem Auto zur Arbeit fahren, biegen Sie doch mal in eine andere Straße ein als sonst oder fahren Sie über Land zurück statt durch die Stadt. Die Möglichkeiten sind unbegrenzt, sodass Sie gut mehrere Mikroabenteuer daraus machen können.

Wenn Sie mögen, können Sie auch direkt nach der Arbeit in die Natur fahren und dort ein paar Stunden verbringen, bevor Sie wirklich nach Hause fahren. Der Weg von der Arbeit nach Hause muss nicht nur durch Gewohnheiten und alltägliche Muster geprägt sein, er kann auch stetig spannend und abwechslungsreich gestaltet werden.

52. EINEN BERG ERKLIMMEN

Hierbei muss es sich gar nicht um einen großen Berg handeln. Es kann auch ein kleiner Berg in Ihrer Umgebung oder in Ihrer Stadt sein. Beispielsweise in einem Park.

Nehmen Sie sich einfach vorbei, nach der Arbeit einen Berg zu erklimmen. Vielleicht sogar mehrere. Oder jede Steigung, die Sie entdecken können, hochzulaufen. Dies bietet Abwechslung und sorgt für Abenteuer.

Es muss sich auch nicht zwingend um einen Berg handeln. Möglicherweise haben Sie ein Café auf einer Dachterrasse in Ihrer Nähe, auf die Sie steigen können. Genießen Sie Ihr Getränk aus der Höhe und beobachten Sie die Umgebung. Wenn Sie mögen, können Sie von der Erhöhung oder einem Berg auch den Sonnenuntergang anschauen und den Tag entspannt ausklingen lassen.

53. UNTER DEM STERNENHIMMEL SCHLAFEN

Etwas Neues erleben. Zeit mit sich selbst verbringen. Im Hier und Jetzt leben. Den Moment genießen. Oft zieht das Leben schnell an uns vorbei. Wir hinterfragen recht selten, warum wir etwas so machen, wie wir es machen. So ist es auch total normal, abends in seinem eigenen Bett schlafen zu gehen.

Doch wenn Sie aus Ihren gewohnten Strukturen ausbrechen möchten und etwas Neues probieren wollen, ist dieses Mikroabenteuer bestens für Sie geeignet.

Verbringen Sie eine Nacht unter dem Sternenhimmel. Übernachten Sie auf Ihrer Terrasse oder sogar ganz in der Natur. Beobachten Sie beim Einschlafen die Sterne. Reflektieren Sie Ihren Tag. Lauschen Sie den Geräuschen der nachtaktiven Tiere und dem Wind in den Bäumen.

Am besten ist dieses Mikroabenteuer für den Sommer geeignet, da es in den Nächten nicht besonders kalt wird. Sie können beispielsweise in einer Hängematte, auf einer Iso-Matte oder auf einer Gartenliege schlafen. Ganz, wie Sie möchten.

Nehmen Sie sich ein Buch mit und lesen Sie, bis die Sonne untergeht. Vielleicht haben Sie sogar ein Buch, das Sie schon lange lesen wollten, es aber nie geschafft haben.

Mikroabenteuer für die verschiedenen Jahreszeiten

Manche Mikroabenteuer sind perfekt für den Sommer geeignet, andere eignen sich für die kühleren Jahreszeiten am besten. Je nachdem, wann Sie dieses Buch lesen, können Sie in diesem Kapitel Inspirationen für die jeweilige Jahreszeit finden und sich schon im Winter auf den nächsten Frühling freuen.

Mikroabenteuer für den Winter

In der kalten Jahreszeit neigen wir dazu, es uns zu Hause gemütlich zu machen. Es wird schnell dunkel draußen, es ist kalt, das Wetter ist teilweise sehr unangenehm und lädt nicht zu einem Aufenthalt draußen ein. Damit Sie die kalte Jahreszeit dennoch mit Abenteuern und spannenden Erlebnissen füllen können und nicht immer das Gleiche unternehmen müssen, finden Sie in diesem Kapitel zahlreiche Inspirationen und Ideen.

54. GLÜHWEIN SELBST MACHEN

Das Beste am Weihnachtsmarkt sind meist die leckeren Speisen und der Glühwein. Jedes Jahr tummeln sich zahlreiche Menschen an den Ständen. Der Glühwein gehört zu der kalten Jahreszeit also irgendwie mit dazu und ist dazu noch superlecker. Aber haben Sie Glühwein schon mal selbst hergestellt? Wenn nicht, dann finden Sie hier das passende Rezept dazu.

Wer den Abend gemütlich ausklingen lassen möchte, aber trotzdem etwas Neues ausprobieren mag, kann sich das heißbegehrte Getränk selbst herstellen. Alternativ ist es natürlich auch möglich, den Glühwein alkoholfrei herzustellen. Um den klassischen roten Glühwein herzustellen, brauchen Sie:

- 1 Liter Rotwein
- 1 Orange (in Scheiben geschnitten)
- 2 Zimtstangen
- 4 Gewürznelken

- 3 - 4 Esslöffel Honig oder ähnliches, Zucker. Die Menge kann je nach eigenem Belieben variieren.
- Falls Sie möchten, können Sie auch noch etwas Vanille hinzugeben

Erhitzen Sie zunächst den Rotwein in einem Topf. Beachten Sie, dass der Wein nicht kochen darf, sondern lediglich erhitzt werden soll. Fügen Sie anschließend die Orangenscheiben sowie die Glühweingewürze hinzu. Wenn Sie mögen, können Sie noch nach eigenem Belieben süßen. Nehmen Sie anschließend den Topf vom Herd und lassen Sie es eine Stunde ziehen.

Bevor Sie den Glühwein genießen können, sollten Sie ihn nochmals erhitzen und anschließend durch ein Sieb in eine Tasse füllen. Je nachdem, wie sauber Sie bei der Zubereitung waren, kann sich der Glühwein bis zu drei Monate halten. Nun können Sie nach der Arbeit, am Wochenende oder wann immer es Ihnen passt, den eigenen Glühwein trinken. Falls Sie lieber alkoholfreien Glühwein bevorzugen, ist dieses Rezept perfekt für Sie geeignet:

- 1 Flasche Trauben- oder Apfelsaft, je nach Belieben
- 1 Orange (in Scheiben geschnitten)
- 2 Zimtstangen
- Zitronen oder Limettensaft (es wird nur wenig benötigt)
- 2 Gewürznelken
- 1 Apfel (in Scheiben geschnitten)

Erhitzen Sie den Apfel- oder Traubensaft. Achten Sie wie bei dem Glühwein darauf, dass der Saft nicht kocht, sondern nur erhitzt wird. Fügen Sie anschließend die Gewürze und die Orange hinzu. Auch der in Scheiben geschnittene Apfel wird hinzugegeben und ziehen gelassen.

Gießen Sie ihn anschließend in Tassen. Wenn Sie möchten, können Sie den alkoholfreien Glühwein beispielsweise noch mit Orangenscheiben und Zimtstangen dekorieren. Freuen Sie sich auf die eigene

Zubereitung der Getränke und den anschließenden schönen und entspannten Abend.

55. DEKORATION DES ZUHAUSES

Das eigene Zuhause kann schnell durch Lichterketten und Kerzen oder mit selbstgebastelter Dekoration gemütlich gestaltet werden. Nehmen Sie sich einen Abend Zeit und dekorieren Sie Ihr Zuhause winterlich und somit gleich gemütlicher. Hier finden Sie ein paar Inspirationen:

Lichterketten und sogar Lichterkettenvorhänge, falls Sie eine freie Wand dafür haben, machen das Zuhause wohnlicher und kuscheliger. Meist hat man Lichterketten sogar zu Hause und muss nicht extra welche kaufen.

Kerzen, entweder echte oder mit einem LED-Licht, wirken dem grauen und trostlosen Wetter draußen entgegen. Wer möchte, kann Teelichtgläser selbst machen. Hierfür brauchen Sie ein Glas, je nach Belieben, Kleister und Transparentpapier. Wenn Sie es nicht so bunt möchten, können Sie auch Servietten oder Taschentücher nehmen. Reißen Sie zunächst das Papier der Wahl in kleine Stücke, sodass diese gut auf dem Glas aufgeklebt werden können. Haben Sie Taschentücher genommen, so trennen Sie zunächst die einzelnen Schichten auf. Geben Sie anschließend den Kleister auf das Glas und kleben Sie Ihr Papier auf. Falls Ihre Wahl auf das Transparentpapier gefallen ist, können Sie die unterschiedlichen Farben je nach Belieben variieren. So entstehen die unterschiedlichsten Muster.

Passend zur Weihnachtszeit können Sie Christbaumkugeln in eine Vase geben. Dies stimmt auf Weihnachten ein und sieht dazu noch gut aus. Wenn Sie mögen, können Sie Schneeflocken basteln und diese am Fenster anbringen.

Die Möglichkeiten für die Gestaltung des eigenen Zuhauses sind vielfältig und unbegrenzt. Sie können die einzelnen Dekorationsideen auch auf mehrere Tage aufteilen, sodass Sie sich jeden Tag auf eine andere Dekoration freuen können. So bringen Sie nicht nur Abwechslung in Ihren Alltag, sondern gestalten auch Ihr Zuhause neu.

56. DURCH DIE NACHT WANDERN

Im Winter wird es schnell und vor allem früh dunkel. Oft kommt so das Gefühl auf, gar nichts mehr vom Tag zu haben. Fallen Sie vielleicht sogar in gleiche Muster und erleben jeden Tag gleich? Das muss nicht sein, denn die frühe Dunkelheit eignet sich wunderbar für eine Nachtwanderung, um die Sterne zu beobachten.

Da es in der Nacht selbst meist deutlich kälter wird als am Tag, kann die Nachtwanderung auch auf den frühen Abend oder späten Nachmittag geschoben werden. Je nachdem, wann Sie Zeit haben. Laufen Sie einfach durch Ihre Umgebung und schauen Sie, wohin es Sie verschlägt. Da es in der Stadt selbst durch die vielen Laternen und unzähligen Lichter schwer ist, die Sterne zu sehen, ist es ratsam, einen ruhigen Ort aufzusuchen. Vielleicht finden Sie ein Feld in der Nähe oder einen ruhigen abgelegenen Weg? Nehmen Sie sich dort die Zeit und beobachten Sie die Sterne. Halten Sie nach den unterschiedlichsten Sternbildern Ausschau. Vielleicht sehen Sie sogar eine Sternschnuppe? Rüsten Sie sich mit einer Decke und warmen Getränken aus, sodass Ihnen nicht so schnell kalt wird.

57. SPAZIERGANG IM SCHNEE

Der Schnee gehört zum Winter mit dazu und wird von vielen Menschen jedes Jahr sehnsüchtig erwartet. Wenn tatsächlich Schnee gefallen ist, machen Sie doch einen Spaziergang. Die Welt sieht ganz in weiß so ruhig aus und taucht alles in ein ganz neues Licht.

Da der Schnee ein doch seltenes Ereignis ist, bricht dies natürlich aus den gewohnten Strukturen des Alltags aus. Warum also nicht mal etwas Neues sehen und aus dem Gewohnten ausbrechen?

Schneeballschlacht

Eine Schneeballschlacht war oft das Highlight in der Kindheit. Doch nicht nur Kindern macht es Spaß, Schneebälle zu formen und diese auf Abstand auf andere zu werfen und sich vor den Bällen anderer in Sicherheit zu bringen. Treffen Sie sich mit Ihren Freunden oder der Familie und veranstalten Sie auf Abstand eine Schneeballschlacht.

58. RODELN GEHEN

Mit dem Schlitten verschneite Berge hinunterrodeln. Anschließend den Schlitten wieder hinaufziehen und erneut hinunterfahren. Das kommt Ihnen mit Sicherheit aus Ihrer Kindheit bekannt vor. Doch warum die Möglichkeit des Schnees nicht nutzen und selbst nochmal rodeln gehen?

Solche Berge zum Rodeln lassen sich in jeder Umgebung finden. Nehmen Sie sich etwas Warmes zu trinken mit, ziehen Sie sich dick an und los geht's! Genießen Sie den Schnee und haben Sie Spaß beim Rodeln.

Mikroabenteuer für den Frühling

Im Frühling fangen die Bäume an, grün zu werden, das Wetter wird besser und auch die Laune vieler Menschen hebt sich. Meist hält man sich öfter draußen auf, doch genauso oft stellt sich auch die Frage: Was soll ich machen? Was kann ich unternehmen? Worauf habe ich Lust?

Damit Sie sich diese Fragen nicht allzu oft stellen müssen, finden Sie in diesem Kapitel Inspirationen zu verschiedenen Mikroabenteuern im Frühling. So können Sie viel erleben und gleichzeitig Abwechslung schaffen.

59. TRIP ZU DEN KIRSCHBLÜTEN DER STADT

Im Frühling sind die Kirschblüten besonders schön anzusehen. Zahlreiche Menschen fahren/spazieren/radeln zu den Orten ihrer Stadt, wo die Kirschblüten am schönsten blühen und gehen dort spazieren oder fotografieren sie nur. Selbst wenn Sie kein Fan von Fotografie sind, ist es dennoch besonders, unter diesen Blütenbäumen herzulaufen, sie anzuschauen und sich in ihrer Nähe aufzuhalten. Zumal die Blütezeit nur für wenige Wochen ist. Schnell sein, lohnt sich also.

60. BLUMENSTRAUß PFLÜCKEN

Nach dem Winter lassen sich überall Schneeglöckchen und Osterglöckchen finden. Achten Sie doch mal darauf, wo Sie diese Pflanzen überall in Ihrer Umgebung finden können. Vielleicht auf dem Weg zu Ihrer

Arbeit oder sogar direkt vor Ihrer Haustür. Nehmen Sie sich einen Moment Zeit und pflücken Sie welche davon und dekorieren Sie so Ihr Zuhause.

Je nachdem, was Sie anbauen möchten, können Sie auch schon anfangen, Ihren Garten oder Terrasse auf Vordermann zu bringen. Wie wäre es mit ein paar Kräutern, die Sie für Ihre Küche nutzen können? Oder sogar eigenes Gemüse? Das macht nicht nur Spaß, sondern Sie können auch täglich schauen, wie weit Ihre kleine Pflanze schon ist.

61. IN DER SONNE FRÜHSTÜCKEN

Nach dem tristen und kalten Winter ist die Freude über die ersten Sonnenstrahlen und die erste warme Temperatur umso größer. Nutzen Sie das erste gute Wetter aus und verlegen Sie Ihr Frühstück nach draußen. Dies kann auf Ihrer Terrasse oder im Garten sein, aber auch der Park in Ihrer Nähe ist gut für Ihr Frühstück im Freien geeignet.

Lassen Sie sich von den Sonnenstrahlen auf Ihrer Haut wärmen und lauschen Sie dem Zwitschern der Vögel. Sie werden merken, dass Sie entspannter und ausgeglichener in den Tag starten.

Wenn Sie mögen, können Sie öfter im Freien frühstücken und dies an manchen bestimmten Tagen in Ihren Tagesablauf integrieren. So haben Sie immer etwas, worauf Sie sich freuen können.

62. SPAZIERGANG ZU UNBEKANNTEN ORTEN

Da das Wetter deutlich besser wird und auch die Tage länger werden, steigt auch die Lust auf neue Unternehmungen. Da ein einfacher Spaziergang durch die Nachbarschaft auf Dauer langweilig wird und es nicht mehr viel Neues zu sehen und entdecken gibt, ist es Zeit für ein neues Ziel.

Wie wäre es, zu Orten zu spazieren, an denen Sie noch nie waren oder die Sie lange nicht mehr besucht haben? Wie wäre es, einen Ausflug zu einem See oder Fluss in Ihrer Nähe zu machen? Oder zu einem Park in Ihrer Nähe, den Sie noch nicht kennen, vielleicht haben Sie auch eine alte Mühle in Ihrer Nähe?

Die Auswahl ist groß, sodass Sie beliebig oft die Orte wechseln können und immer zu neuen Orten spazieren können. Ganz nach der eigenen Lust und Laune können Sie die Spaziergänge auch thematisch planen. So können Sie an einem Wochenende zu den unterschiedlichen Parks in Ihrer Umgebung spazieren und am nächsten Wochenende zu allen Burgen in Ihrer Nähe oder zu Denkmälern. Die Themen können Sie selbstverständlich frei und individuell wählen.

Haben Sie Orte aus Ihrer Kindheit, an denen Sie lange nicht mehr gewesen sind? Oder haben Sie Geheimtipps von Ihren Freunden oder Nachbarn bekommen? Es kann nützlich sein, sich mit den unterschiedlichsten Menschen aus Ihrem Umfeld über mögliche Orte auszutauschen. So können Sie Ihre Tipps weitergeben und bekommen gleichzeitig auch welche.

63. EINE WATTWANDERUNG MACHEN

Die Füße spüren den kalten Sand, der Blick schweift über das Meer, das Watt, über die Dünen und die Umgebung. Viele Tiere lassen sich bei einer solchen Wanderung beobachten und finden. Zwischen einigen Inseln sind Wattwanderwege zu finden, die zu einer besonderen Wanderung einladen.

Das Besondere an einer Wattwanderung ist nicht nur, dass auf dem Meeresboden gewandert werden kann, sondern es kann super barfuß im Watt gewandert werden. So bekommen die Füße eine natürliche Massage. Zudem fördert eine Wattwanderung den Stressabbau und die saubere Luft wirkt sich positiv auf die eigene Gesundheit aus. Es ist ratsam, eine geführte Wattwanderung zu machen, damit Sie nicht plötzlich von der Flut überrascht werden oder zu weit hinaus wandern.

Machen Sie beispielsweise einen Wochenendausflug ans Meer und kommen Sie vom Alltag hinunter. Falls Sie mögen, eignet sich die Wattwanderung auch für einen Tagesausflug. Vielleicht haben Sie sogar das Meer in Ihrer Nähe und können sich spontan für eine Wattwanderung entscheiden.

Egal, ob Sie allein durch das Watt wandern möchten oder gemeinsam mit Freunden, die Wattwanderung bietet sich für jede individuelle Planung bestens an. Es gibt zahlreiche Wattwanderwege. Mögliche Routen und Wanderwege finden Sie im Internet oder in verschiedenen Reiseführern.

Mikroabenteuer für den Sommer

Bis in die Nacht am Lagerfeuer sitzen, lange Grillabende mit Freunden veranstalten oder im kalten Wasser schwimmen gehen. Im Sommer ist vieles möglich. Im Folgenden finden Sie Inspirationen, was Sie unternehmen können, um sich selbst Abwechslung zu bieten und dem Alltag entfliehen zu können.

64. EIN PICKNICK BEI SONNENUNTERGANG

Ein Picknick im Sommer auf einer Wiese oder im Park ist schön und entspannend, doch irgendwann wird die Idee natürlich langweilig. Aber wie wäre es mal mit einem Picknick bei Sonnenuntergang beispielsweise am See, Meer oder im Park? So können Sie nicht nur den Tag mit leckeren Speisen ausklingen lassen, sondern gleichzeitig auch die Magie des Sonnenuntergangs erleben.

Bereiten Sie sich die Speisen zu, die Sie gerne essen oder worauf Sie Lust haben und los geht's. Falls Ihnen noch kein Platz für das Picknick einfällt, können Sie einfach loswandern und schauen, wohin es Sie verschlägt. Denken Sie aber daran, dass Sie genügend Zeit einplanen sollten.

Auch, ob Sie allein picknicken wollen oder zusammen mit der Familie oder Freunden, ist ganz Ihnen überlassen. Dieses Mikroabenteuer können sich ganz nach Ihren Wünschen und individuellen Umständen anpassen. Wenn Sie mögen, bleiben Sie doch noch etwas länger auf Ihrer Picknickdecke und beobachten Sie anschließend die Sterne.

65. SCHWIMMEN IM SEE

Bei heißem Wetter verschlägt es einen meist ins Freibad. Doch wenn Ihnen nach Abkühlung ist, Sie aber nicht ständig ins Freibad möchten, sondern auch mal etwas anderes sehen wollen, dann eignet sich eine Abkühlung im kalten See perfekt.

Achten Sie darauf, dass sich keine spitzen Steine im Wasser befinden, auf die Sie treten und sich so verletzen könnten. Ebenfalls sollten Sie darauf achten, ob das Schwimmen beziehungsweise der Aufenthalt in dem See gestattet ist. Sollte dies nicht der Fall sein, sollten Sie darauf verzichten.

Alternativ zum Baden in einem See gibt es auch Natur-Freibäder. Erkundigen Sie sich doch mal, wo und ob es ein solches in Ihrer Nähe gibt. Der Eintritt ist meist nicht teuer und es ist mal etwas anderes als ein Besuch in einem normalen Freibad.

Falls Sie sich nicht trauen, in dem See baden zu gehen, können Sie auch nur die Füße ins Wasser halten. Dies ist zum einen eine angenehme Abkühlung und zum anderen bietet es eine gelungene Abwechslung zu einem normalen Spaziergang am Fluss oder See entlang. Vielleicht trauen Sie sich beim nächsten Mal mit den Beinen ins Wasser zu gehen?

66. DRAUßEN ÜBERNACHTEN

Packen Sie das zusammen, was Sie für eine Übernachtung im Freien benötigen und los geht's. Ob Sie in Ihrem eigenen Garten oder auf der Terrasse die Nacht verbringen oder lieber ganz im Freien, ist Ihnen überlassen. Auch, ob Sie lieber in einer Hängematte schlafen oder in einem Schlafsack. Ganz, wie Sie mögen. Beobachten Sie die Sterne, bis Sie einschlafen. Lauschen Sie dem Uhu, der in den Bäumen sitzt. Vielleicht raschelt es durch ein Tier irgendwo. Genießen Sie die Ruhe, die Sie umgibt. Sind Sie ausgeruhter und entspannter, wenn Sie aufstehen?

Dieses Mikroabenteuer lässt Sie ganz leicht etwas anderes sehen und erleben. Es gibt Ihnen die Möglichkeit, aus Ihrem Alltag entfliehen zu können und sich frei zu fühlen. Probieren Sie es einfach mal aus.

Falls Sie mögen, können Sie auch gemeinsam mit Freunden im Freien übernachten. Abends zusammen am Lagerfeuer sitzen und anschließend schläft jeder entspannt und erholt ein. Oftmals ergeben sich auch nette und tiefgründige Gespräche, welche eine Abwechslung zu dem Smalltalk bieten, die einen sonst umgeben.

67. EINE EIGENE STRANDPARTY

Sich das Urlaubsfeeling nach Hause holen. Mit einer Art Strandparty ist das ganz einfach. Vielleicht haben Sie noch etwas Sand zu Hause, den Sie auf Ihrem Balkon oder auf der Terrasse verteilen können, aber es kann auch gut auf ihn verzichtet werden.

Was verbinden Sie mit einer Strandparty? Coole Musik, Cocktails und sommerliche Klamotten? Vielleicht noch leckere Häppchen und Menschen, die Spaß haben? Das könnten Sie ganz einfach zu Hause nachmachen.

Laden Sie ein paar Freunde zu sich ein oder wählen Sie einen beliebigen anderen Ort. Wichtig ist nur, dass Sie dort niemanden stören und keinen Müll hinterlassen und verbringen Sie den Abend entspannt miteinander.

Cocktails können Sie leicht zu Hause mixen. Viele Rezepte für alkoholfreie als auch für Cocktails mit Alkohol finden Sie im Internet. Sicher werden Sie aber auch viele Zutaten dafür schon zu Hause haben. Die fertigen Cocktails können Sie beispielsweise noch mit Deko-Schirmchen verzieren.

Mikroabenteuer für den Herbst

Bunte Blätter schmücken die Bäume, Kinder sammeln Kastanien, das Wetter wird langsam kälter und ab und an regnerisch, sodass man sich eigentlich viel lieber im Warmen aufhält. Falls Sie nicht wissen, was Sie im Herbst alles erleben und sehen können, sind im Folgenden Inspirationen zu verschiedenen Mikroabenteuern aufgeführt. Mit Sicherheit ist für jeden Geschmack das Richtige dabei. Selbstverständlich können Sie die Inspirationen auch abwandeln und Ihr eigenes Mikroabenteuer kreieren. Ganz, wie Sie mögen.

68. BLÄTTER TROCKNEN

Sicherlich kennen Sie das Trocknen von Blättern noch aus Ihrer Kindheit oder machen es selbst noch mit Ihren eigenen Kindern. Bei einem Spaziergang durch die eigene Umgebung können Sie die unterschiedlichsten Blätter sammeln und diese mit nach Hause nehmen. So nehmen Sie Ihre Umwelt nicht nur intensiver wahr, sondern haben auch eine Art Aufgabe und ein Ziel für den Spaziergang draußen. Vielleicht motiviert Sie dies sogar.

Mit den gesammelten und anschließend getrockneten Blättern können Sie die unterschiedlichsten Dinge basteln und sich kreativ ausleben. Möglich ist zum Beispiel:

Ein herbstliches Windlicht
Mit etwas Kleister und einem Glas können sie schnell ein neues Windlicht für Ihr Zuhause erstellen. Als Glas eignet sich ein Einmachglas, welches Sie bestimmt noch zu Hause stehen haben oder andere Gläser, die

Sie nicht mehr benötigen. Wichtig ist, dass die Blätter gut getrocknet sind. Streichen Sie dann den Kleister auf Ihr Glas und kleben Sie die Blätter nach Belieben drauf. Sie können die unterschiedlichen Farben der Blätter mischen, aber auch bei einem Farbschema bleiben. Ganz, wie es Ihnen gefällt. Lassen Sie das neue Windlicht gut trocknen, bevor Sie damit Ihr Zuhause dekorieren. Immer, wenn Sie das Teelicht in dem Windlicht anmachen, wird Ihr Zuhause in eine gemütliche herbstliche Atmosphäre getaucht.

Girlande

Haben Sie etwas Platz an der Wand, über Ihrem Sofa beispielsweise? Oder falls Sie generell Ihr Zuhause aufpimpen und passend für den Herbst dekorieren möchten, ist eine solche Girlande perfekt geeignet. Sie benötigen dafür eine Kordel oder ein dünnes Seil, an das Sie die einzelnen Blätter hängen können, kleine Klammern, aus Holz beispielsweise. Diese können recht günstig im Bastelbedarf gekauft werden. Mit Hilfe dieser Klammern können Sie die einzelnen getrockneten Blätter an der Kordel aufhängen und gegebenenfalls nach eigenem Geschmack noch um weitere herbstliche Naturgegenstände ergänzen. Beispielsweise können Sie ein Loch durch eine Kastanie bohren und diese mit auf die Girlande ziehen. Wie Sie die Girlande gestalten, ist ganz Ihnen überlassen. Es ist beispielsweise auch möglich, die Kordel durch die einzelnen Blätter zu fädeln. Ihrer eigenen Kreativität ist keine Grenze gesetzt.

Tischdeko

Dinge aus der Natur können Sie auch auf einem Tablett oder Teller anordnen und dieses beispielsweise auf einen Tisch oder Kommode stellen. Je nach Jahreszeit können Sie die Deko auf dieser Unterlage verändern und neu sammeln, sodass Sie je nach Jahreszeit Abwechslung in Ihrem Zuhause haben. Ein solches Tablett oder Teller kann nicht nur mit getrockneten Blättern dekoriert werden, sondern auch mit Kastanien

und gegebenenfalls auch Moos, wenn Sie das mögen. Sammeln Sie beim nächsten Spaziergang nach Herzenslust Material und nutzen Sie dieses als Dekomaterial.
Mit Blättern oder anderen Materialien aus dem Wald und der Natur allgemein ist sehr viel anzustellen und ein Spaziergang kann auch immer zu einem weiteren kreativen Projekt einladen.

69. KÜRBISSE SCHNITZEN

Die einen feiern Halloween und mögen das Gruselige und Schaurige. Andere können diesem Tag gar nichts abgewinnen. Doch Gesichter in Kürbisse schnitzen, macht den meisten Spaß und ist noch dazu eine nette Abwechslung. Das Fleisch aus dem Kürbis kann anschließend beispielsweise zu einer Kürbissuppe verarbeitet werden, sodass Sie zusätzlich für ein Abendessen gesorgt haben und sich vom Schnitzen des Kürbisses stärken können.

Haben Sie Kinder und sind Sie noch auf der Suche nach einer passenden Aktivität für das Wochenende? Schnitzen Sie doch gemeinsam Kürbisse und suchen Sie geeignete Plätze für diese. Abends können die Kürbisse mit einem Teelicht versehen und das eigene Werk stolz betrachtet werden. Vielleicht entsteht sogar eine ganze Kürbis-Familie oder die unterschiedlichsten Gesichtsausdrücke? Wenn Sie mögen, können Sie sich noch Geschichten zu den einzelnen Kürbissen ausdenken und im Anschluss an das Schnitzen das Fleisch des Kürbisses zusammen verarbeiten. Es ist nicht nur eine Kürbissuppe möglich, sondern auch noch eine Vielzahl an weiteren unterschiedlichen Speisen.

70. PILZE SAMMELN

Dieses Mikroabenteuer ist nicht ganz ungefährlich. Informieren Sie sich bitte genau über die essbaren Pilzsorten und wie diese von giftigen

Pilzen unterschieden werden können. Wenn Sie sich nicht sicher sind, pflücken Sie die Pilze bitte nicht.

Im Herbst haben die Pilze Hochsaison und sprießen förmlich aus dem Boden. Sie lassen sich in Wäldern und gegebenenfalls auch am Wegesrand finden. Nehmen Sie sich einen Nachmittag oder sogar einen ganzen Tag Zeit und schauen Sie sich die Pilze in Ihrer Umgebung genau an. Welche Pilze lassen sich finden? Wo taucht welche Sorte auf? Wenn Sie sich sicher sind, dass dieser Pilz essbar ist, bereiten Sie ein leckeres Abendessen damit zu. Diese Mahlzeit wird sich anders anfühlen als gewöhnlich, da Sie eine Zutat selbst gesammelt und gesucht und damit anschließend etwas gekocht haben.

Genauso viel Spaß wie das Sammeln der Pilze selbst, macht auch das Informieren über die jeweiligen Pilzsorten und Ihre Eigenschaften. Woran erkennen Sie diesen Pilz? Alles Genauere über die verschiedenen Pilzsorten können Sie im Internet oder in Büchern nachlesen. So vertreiben Sie sich nicht nur die Zeit, sondern lernen gleichzeitig auch etwas Neues und können Ihr Wissen direkt im Wald anwenden und die Pilze sammeln.

71. SPAZIERGANG DURCH DIE WÄLDER

Ein Spaziergang durch den Wald eignet sich selbstverständlich für jede Jahreszeit. Doch im Herbst lassen sich die unterschiedlich bunten Blätter bestaunen, das Laub raschelt unter den Schuhen, vielleicht lassen sich Eichhörnchen sehen. Am Nachmittag taucht die Sonne den Wald in ein angenehmes Licht.

Nehmen Sie sich einen Nachmittag Zeit und spazieren Sie durch die unterschiedlichen Wälder in Ihrer Umgebung. Bestaunen Sie die bunten Blätter, genießen Sie für einen Augenblick das Laub unter Ihren Schuhen. Seien Sie für einen Moment noch einmal Kind. Schichten Sie einen

Laubhaufen und springen Sie hinein. Nehmen Sie sich einen Moment Zeit und leben Sie im Hier und Jetzt.

72. OBST ERNTEN UND EIGENE MARMELADE KOCHEN

Der Herbst ist die perfekte Jahreszeit, um Marmelade einzukochen. Egal, ob aus Äpfeln oder Pflaumen. Ganz nach dem eigenen Geschmack. Auch Marmelade aus Kürbissen ist möglich. Seien Sie mutig und probieren Sie ruhig mal etwas Neues aus. Bei manchen Obstbauern oder auch Bauernhöfen ist das Ernten der Äpfel von den Bäumen erlaubt. Vielleicht befindet sich ein solcher Obstbauer auch in Ihrer Nähe, sodass Sie das Abenteuer der Ernte mit dem Kochen der Marmelade verbinden können.

Falls Sie Obstbäume in Ihrer unmittelbaren Umgebung haben und heruntergefallene Früchte finden, seien Sie ruhig mutig und sammeln Sie diese auf. Die meisten Früchte sind noch essbar und bieten sich hervorragend für die Marmelade an. Rezepte und Inspirationen für Marmeladen können Sie in unterschiedlichen Büchern und im Internet finden.

73. EINEN HUND SITTEN UND SPAZIEREN GEHEN

Sie lieben Hunde, aber ein eigener kommt für Sie nicht in Frage? Wie wäre es, einen Hund zu sitten und mit ihm durch die Wälder zu spazieren? Viele Tierheime suchen nach Menschen, die mit den Hunden Gassi gehen. Fragen Sie doch mal beim Tierheim in Ihrer Nähe nach, ob eine solche Art Patenschaft infrage kommen würde. Nicht nur Sie profitieren davon, sondern auch das Tierheim selbst und natürlich der Hund. Lassen Sie ruhig mal den Hund beim Spaziergang entscheiden, wo es lang gehen soll. So lernen Sie neue Wege kennen und wissen selbst nicht, wohin es Sie verschlagen wird. So erleben Sie gemeinsam mit dem Vierbeiner

Abenteuer. Falls das Spazieren mit einem Hund aus dem Tierheim nicht erlaubt ist oder sich kein Tierheim in Ihrer Nähe befindet, freuen sich bestimmt Ihre Nachbarn, Freunde oder Familienmitglieder über Unterstützung beim Gassigehen.

74. EINEN BAUMWIPFELPFAD ENTLANG LAUFEN

Besonders im Herbst kann wunderbar in den Baumkronen spaziert werden. Genießen Sie den Ausblick auf die unterschiedlichen Farben des Waldes und den Ausblick auf die Umgebung. Genießen Sie die Ruhe, die Sie umgibt.

Falls Sie sich unter einem Baumwipfelpfad nicht viel vorstellen können, finden Sie hier eine kurze Erklärung, was ein Baumwipfelpfad ist und was dort alles unternommen werden kann.

Ein Baumwipfelpfad ist auch unter dem Namen Baumkronenpfad bekannt. Auf der Ebene der Baumkronen kann auf einem Weg, bestehend aus Stegen und Plattformen, die Natur aus einem anderen Blickwinkel entdeckt und bestaunt werden. Besonders das Verständnis der ökologischen Zusammenhänge in der Ebene der Baumkronen wird dort vermittelt. Besonders gut können dort nicht nur die Farben des Waldes beobachtet werden, sondern auch die Vögel und unterschiedlichen Tiere.

Baumwipfelpfade lassen sich in allen Bundesländern finden und laden zu einem Spaziergang hoch über der Erde ein. Die Länge variiert je nach Pfad.

Mikroabenteuer: Hausmittel selbst herstellen

Unsere Gesellschaft neigt immer mehr zum Konsum. Täglich wird uns eingetrichtert, was wir zu kaufen haben und auf welche Gegenstände wir im Alltag auf keinen Fall mehr verzichten dürfen, welche Konsumgüter unseren Alltag vereinfachen sollen. Ob es wirklich klappt? Nicht immer. Dabei können Haushaltsmittel auch einfach selbst hergestellt werden. In Form eines Mikroabenteuers. Was alles möglich ist und vor allem wie, erfahren Sie in diesem Kapitel.

75. EIGENES WASCHMITTEL

Waschmittel gibt es von den unterschiedlichsten Herstellern. Sie alle versprechen das Gleiche: saubere Wäsche. Doch ein solches Waschmittel können Sie auch selbst herstellen. Sammeln Sie bei einem Spaziergang alle Kastanien auf, die Sie auf Ihrem Weg finden können. Dies kann auch wunderbar mit den eigenen Kindern gemacht werden.

Um eine Waschladung mit Hilfe von Kastanien waschen zu können, brauchen Sie ca. 3 bis 5 Kastanien. Zerkleinern Sie diese zunächst mit einem Messer und lassen Sie diese Masse in einem Glas, gefüllt mit lauwarmem Wasser, ungefähr drei Stunden einweichen. Während dieser drei Stunden entsteht eine Flüssigkeit, die Sie durch ein Sieb in ein anderes Gefäß füllen und damit dann Ihre Wäsche waschen können. Ganz schön praktisch, oder?

Nicht nur die Herstellung des eigenen Waschmittels ist ein Abenteuer, sondern auch das anschließende Waschen der Wäsche. Denn vermutlich sind Sie ziemlich gespannt auf das Ergebnis der Wäsche durch die Kastanien. Eines ist auf jeden Fall garantiert: Mit so viel Spaß haben Sie wahrscheinlich selten Ihre Wäsche gewaschen.

76. DER EIGENE ALLZWECKREINIGER

Wussten Sie bisher auch nicht, was Sie mit der Schale einer Orange, Mandarine oder Zitrone anfangen sollen und haben diese bisher immer entsorgt? Dann probieren Sie dieses Mikroabenteuer einfach mal aus und stellen Sie Ihren eigenen Allzweckreiniger her. So wird zum einen Geld gespart und der eigene Abfall noch weiterverwertet. Gleichzeitig können Sie aus den gewohnten Strukturen, wie dem Putzen mit gewöhnlichen Mitteln, entfliehen.

Für den selbsthergestellten Allzweckreiniger brauchen Sie die Schale Ihrer Zitrusfrucht und etwas Essig. Geben Sie die Schalen zusammen mit dem Essig in ein Gefäß. Sie können nun zukünftig Ihr Zuhause mit dem selbsthergestellten Allzweckreiniger sauber machen.

Neben dem Allzweckreiniger kann auch Universalreiniger, Allzweckreiniger aus Essig sowie Mittel zum Säubern verschiedener Oberflächen hergestellt werden. Die genauen Anleitungen können Sie im Internet finden. Vielleicht haben Sie mit diesem Mikroabenteuer sogar eine neue Putzroutine gefunden und stellen in Zukunft Ihre Reinigungsmittel weiterhin selbst her. So können Sie Spaß und das Abenteuer mit Produktivität kombinieren.

77. EIGENER HUSTENSAFT

Nicht immer lässt sich eine Erkältung vermeiden. Oft erwischt sie einen total unverhofft und das Ende der Erkältung wird sich sehnlichst herbeigewünscht. Gerade wenn Husten mit im Spiel ist, wird häufig zu Mitteln aus der Apotheke gegriffen, um den Husten schneller loswerden zu können und das Abhusten zu erleichtern. Diese Mittel können auch leicht selbst hergestellt werden, sodass Sie optimal für die nächste Erkältungszeit vorbereitet sind.

Zwiebeln gegen Husten

Dass Zwiebeln oft gegen Husten verwendet werden, ist kein großes Geheimnis. Ein Hustensaft kann aus ihnen auch hergestellt werden. Die benötigten Zutaten können Sie zwar in der Natur nicht selbst sammeln, dennoch bietet die Herstellung dieses Hustensaftes eine Abwechslung aus den gewöhnlichen Strukturen Ihres Alltags. Sie benötigen lediglich ungefähr 100 g Zwiebeln und 100 - 150g Zucker. Am besten eignet sich brauner Zucker sowie rote oder weiße Zwiebeln. Falls Sie nur den normalen Haushaltszucker zu Hause haben, brauchen Sie nicht extra braunen Zucker zu besorgen. Haushaltszucker funktioniert ebenfalls.

Schneiden Sie zunächst die Zwiebeln so fein wie möglich. Dies erleichtert die Bildung des Zwiebelsafts. Geben Sie die geschnittenen Zwiebeln und den Zucker in ein Gefäß, am besten mit Schraubverschluss, und lassen Sie dieses so lange ruhen, bis sich der Zucker verflüssigt hat. Dies passiert oft schon nach kurzer Zeit, sodass es reicht, das Glas über Nacht stehen zu lassen. Gießen Sie den Zwiebelsaft anschließend durch ein feines Sieb und füllen Sie die Flüssigkeit zu guter Letzt in ein wiederverwendbares Glas oder eine Flasche. Die Zwiebel erleichtert das Abhusten, sodass Sie schnell von Ihrem Husten befreit sind.

Salbei-Honig

Anders als in dem vorherigen Rezept für einen Hustensaft, können Sie hier Teile der Zutaten in der Natur finden und sammeln. Nehmen Sie sich am besten einen Tag Zeit, um die Zutaten zu sammeln und den Hustensaft herzustellen. Ein Abenteuer, welches Sie so schnell nicht mehr vergessen und ganz sicher auch Spaß an der Herstellung haben werden.

Sie benötigen für den Salbei-Honig:

- 500 g Honig (ein Glas)
- 1 Zweig Rosmarin
- 15 - 20 Blätter frischen Salbei
- 1 Zitrone (bio und unbehandelt)
- 1 Zimtstange
- 4 - 5 Gewürznelken

Den Rosmarin können Sie gut in der Natur finden. Den Salbei können Sie beispielsweise gut zu Hause anbauen. Er ist in der Natur selbst nur selten zu finden. So können Sie den Salbei-Honig herstellen:

Waschen Sie zunächst die Salbei-Blätter und die Zitrone. Schälen Sie die den äußeren gelben Teil, von der Schale der Zitrone mit Hilfe eines Sparschälers vorsichtig ab. Geben Sie nun die Salbeiblätter, die Zitronenschale sowie die restlichen Gewürze zum Honig hinzu. Vermengen Sie alles gut. Der fertige Salbei-Honig sollte vier bis sechs Wochen durchziehen.

Wenn Sie Husten oder Halsschmerzen haben, nehmen Sie mehrmals täglich einen Teelöffel Ihres Salbei-Honigs. Lassen Sie diesen im Mund zergehen.

78. EIGENER KLARSPÜLER

Klarspüler kann in jedem Supermarkt gekauft werden. Oftmals weiß man selbst aber gar nicht, was eigentlich in diesem Klarspüler so drin ist. Dabei kann Klarspüler auch selbst hergestellt werden. So wissen Sie zum einen, was alles in Ihrem Klarspüler drin ist, zum anderen können Sie ein Haushaltsprodukt selbst herstellen und so etwas erleben und herstellen, was Sie wahrscheinlich nicht alltäglich machen. Ein wahres Abenteuer also.

Für den Klarspüler brauchen Sie:

- 300 ml von einem klaren Alkohol (dieser sollte mindestens 40 % enthalten)
- 80 g pulverförmige Zitronensäure
- 200 ml Wasser

Sie können einfach den Rest-Alkohol von einer Feier nehmen. Sie brauchen nicht extra einen hochprozentigen Alkohol zu kaufen.

Geben Sie den Alkohol, die Zitronensäure und das Wasser in eine leere Flasche. Am besten eignet sich eine Glasflasche. Verschließen Sie anschließend den Deckel und schütteln Sie die Flasche so lange, bis sich die Zitronensäure aufgelöst hat.

Von nun an können Sie mit dem eigenen Klarspüler Ihr Geschirr spülen. Eine super Möglichkeit, die eigenen Kaufgewohnheiten zu hinterfragen und einiges einfach selbst herzustellen. Einfach mal etwas Neues und anderes machen, als Sie normalerweise machen würden.

79. SELBST GEMACHTES SHAMPOO

Genau wie beim Klarspüler auch, sind die Inhaltsstoffe bei gekauftem Shampoo nicht immer klar und verständlich. Die meisten wissen gar nicht, womit genau sie sich die Haare waschen. Das muss nicht sein. Stellen Sie doch einfach Ihr Shampoo selbst her. Vielleicht können Sie sogar einen Unterschied bei Ihren Haaren feststellen. Fühlen sich diese anders an oder fühlt sich Ihre Kopfhaut sogar anders an?

Für Ihr selbstgemachtes Shampoo brauchen Sie:

- 20 g Kernseife
- 450 ml destilliertes Wasser
- 25 g Lavendelblüten (getrocknet)
- 25 ml Lavendeltinktur

- 3 - 4 Tropfen ätherisches Lavendelöl (kann nach Belieben auch weggelassen werden)
- eine leere Shampooflasche

Die Zutaten klingen vielleicht nach einer anstrengenden und aufwendigen Herstellung des Shampoos. Doch es ist gar nicht so schwer, wie es zunächst klingen mag.

Zunächst sollten Sie die Kernseife zerkleinern. Dies gelingt beispielswiese mit einer Küchenreibe. Alternativ können Sie die Seife aber auch mit einem Messer in kleine Stücke teilen. Erhitzen Sie 150 ml des destillierten Wassers und übergießen Sie damit die getrockneten Lavendelblüten. Lassen Sie die Blüten drei Stunden im Wasser ziehen. Lavendel können Sie gut in Ihrem eigenen Garten oder Balkon anpflanzen. Es eignet sich nicht nur für die Herstellung von Shampoo, sondern beispielsweise auch als Beruhigung zum Einschlafen. Haben Sie Lavendel in Ihrem Garten angepflanzt, können Sie es direkt von dort ernten und die Blüten selbst trocknen. So wissen Sie genau, woher der Inhaltsstoff Ihres Shampoos kommt.

Nehmen Sie anschießend die Blüten aus dem Wasser heraus und fügen Sie die Lavendeltinktur sowie das ätherische Öl hinzu.

Das ätherische Öl sorgt dafür, dass das Haar gut riecht. Sie können das Öl aber auch nach Belieben weglassen.

Erhitzen Sie die restlichen 300 ml des destillierten Wassers und lösen Sie die zerkleinerte Kernseife darin auf.

Mischen Sie abschließend die Seifenlauge mit dem Lavendelwasser und fertig ist Ihr eigenes Shampoo.

Bewahren Sie das Shampoo im Kühlschrank auf. So können Sie es bis zu zwei Wochen nutzen.

Kräuter und Pflanzen anbauen

Die Gartenarbeit empfinden die einen als sehr lästig und können dem Ganzen gar keinen Spaß abgewinnen, den anderen macht es super viel Spaß. In diesem Mikroabenteuer soll es gar nicht um die Gartenarbeit selbst gehen, sondern viel mehr um die Beschäftigung mit unterschiedlichen Kräutern, die selbst angebaut und nach der „Ernte" in der eigenen Küche verwendet werden können. Aber was ist an dem Anbauen und Nutzen der Kräuter und Pflanzen ein Mikroabenteuer?

Der Fokus wird von den alltäglichen Aufgaben des eigenen Lebens auf die Kräuter und Pflanzen gelegt. Indem Sie sich um diese kümmern und den Stress des Tages einfach ruhen lassen, etwas anderes sehen, etwas anderes tun, als es sonst der Fall ist, erleben Sie etwas Neues. Wenn auch nur für ein paar Minuten. Sie können dem Alltag entfliehen, haben etwas, worauf Sie sich am Tag freuen können und können Ihre selbst angebauten Kräuter letzten Endes selbst in Ihrer Küche benutzen. Bereits die Wahl der Kräuter und Pflanzen, die Sie anbauen möchten, kann als ein Abenteuer gesehen werden. Vielleicht auch die Wahl der Standorte für die Pflanzen.

Informieren Sie schon im Vorhinein, was Sie mit den verschiedenen Pflanzen anstellen können, wofür Sie sich eignen und wie viel Pflege sie brauchen. Hierfür gibt es zahlreiche Bücher oder auch Internetseiten. Zudem bekommen Sie in diesem Kapitel Inspirationen zu Möglichkeiten, die Sie mit den Kräutern und Pflanzen machen können.

80. KRÄUTER FÜR DIE KÜCHE

Das Kochen mit Kräutern, die von einem selbst gepflanzt wurden, macht gleich viel mehr Spaß. Hier ist eine Auswahl an Kräutern, die Sie für Ihre Küche anbauen und nutzen können:

- Rosmarin
- Thymian
- Schnittlauch
- Minze
- Oregano
- Dill
- Petersilie

Diese Kräuter eignen sich für den regelmäßigen Gebrauch in Ihrer Küche und geben Ihren Speisen mehr pepp.

Sie können die Kräuter beispielsweise in einem Balkonkasten aussäen oder, falls vorhanden, in einem Hochbeet. Hilfreich ist ebenfalls, zu beschriften, welche Kräuter an welcher Stelle gesät wurden. So kommen Sie nicht durcheinander. Von nun an können Sie täglich schauen, wie weit Ihre Kräuter schon sind und Ihre Küche damit pimpen.

81. EIGENES GEMÜSE

Der Gedanke, das eigene Gemüse essen zu können oder damit zu kochen, ist schon verlockend, oder? Also, worauf warten Sie?

Nicht nur, dass Sie kein Gemüse mehr kaufen müssen und wissen, wo Ihr Gemüse herkommt, ist ein Vorteil, sondern auch, dass Sie durch den Anbau und der Pflege bis hin zur Ernte des Gemüses dem Alltag entfliehen können und sich am Ende über Ihr eigenes Gemüse freuen können.

Was genau Sie anbauen möchten, ist ganz Ihnen überlassen. Sie können auch zunächst mit einer Gemüsesorte anfangen und schauen, ob das Anbauen etwas für Sie ist und ob Sie so Abwechslung von Ihrem gewöhnlichen Alltag bekommen können. Sollten Sie kein Interesse und Lust auf den eigenen Anbau haben, können Sie sich über verschiedene Bücher oder dem Internet über die Herkunft des Gemüses und Ihre

Merkmale informieren. Vielleicht bekommen Sie so sogar noch wertvolle Tipps und Inspirationen mit an die Hand, die Sie noch gar nicht wussten.

Wie wäre es mit folgendem Gemüse?

- Zucchini
- Tomaten
- Gurken
- Himbeeren
- Erdbeeren
- Pflücksalat

So können Sie in Zukunft mit Ihrem eigenen Gemüse neue Gerichte zubereiten oder das Gemüse zwischendurch essen.

82. HEILKRÄUTER SELBST ANBAUEN

Heilkräuter sind Kräuter, welche aufgrund ihrer Wirkstoffe und Inhaltsstoffe häufig in der Medizin sowie in der Naturmedizin verwendet werden. Sie werden gegen Krankheiten oder zur Vorbeugung von Krankheiten benutzt, wie beispielsweise gegen Kopfschmerzen, gegen Erkältungen oder auch gegen Bluthochdruck.

Solche Heilkräuter müssen nicht in Apotheken oder in der Drogerie in Form von Tee gekauft werden, sondern können im eigenen Garten oder auf der Terrasse angepflanzt werden. Vielleicht fragen Sie sich nun, wieso Sie die Heilkräuter extra anpflanzen sollten, statt zu kaufen.

Nicht nur das Anpflanzen und das Kümmern um die Pflanzen macht Spaß, sondern es gibt auch ein ganz anderes Gefühl, wenn die Kräuter frisch im Garten gepflückt werden können und man dabei den Geruch der Pflanzen wahrnehmen kann. Zudem ist es ein ganz anderes Gefühl, die eigenen Kräuter aus dem Garten für die Gesundheit zu verwenden.

Sie können beispielsweise Thymian, Lavendel, Ringelblume, Löwenzahn, schwarzen Holunder, Salbei, Beifuß und viele weitere Kräuter selbst anpflanzen und nutzen. Hilfreich ist es, sich vorher zu erkundigen, welche Kräuter am besten zu Ihnen und Ihrer Gesundheit passen.

Haben Sie beispielsweise Probleme beim Einschlafen oder schlafen Sie unruhig, kann Lavendel helfen. So haben Sie Heilkräuter perfekt auf Ihre eigenen Bedürfnisse und Beschwerden abgestimmt.

Heilpflanzen aus dem Wald

Haben Sie bei einem Spaziergang schon mal auf die verschiedenen Pflanzen geachtet, die dort wachsen? Vermutlich eher weniger, oder? Dabei lassen sich Heilpflanzen auch im Wald finden.

Machen Sie doch mal einen Spaziergang durch die verschiedenen Wälder in Ihrer Umgebung und halten Sie Ausschau nach Heilpflanzen. Falls Sie sich nicht sicher sind, wie Sie solche erkennen können, kann auf ein Fachlexikon oder auf seriöse Internetbeiträge zurückgegriffen werden. So können Sie in Zukunft nicht nur die frische Luft und den kühlen Wald genießen, sondern gleichzeitig noch Heilpflanzen sammeln, pflücken und für sich selbst verwenden.

Heilpflanzen und Kräuter haben also so einiges zu bieten und eignen sich für jeden Menschen ganz individuell. Zudem können Sie sich selbst aussuchen, ob Sie die Kräuter als Mikroabenteuer zu Hause pflanzen und pflücken oder ob Sie sich in Ihrer Umgebung auf die Suche begeben möchten. Vielleicht möchten Sie auch variieren und pflanzen nur ein paar Kräuter an, um die restlichen sammeln und pflücken zu können.

Mikroabenteuer für die Großstadt

Wer in einer Großstadt wohnt und vielleicht nicht direkt einen Wald zum Spazierengehen vor der Tür hat, für den ist dieses Kapitel optimal geeignet. Im Folgenden finden Sie Inspirationen für Mikroabenteuer, die Sie in der Großstadt erleben können, sodass Ihnen nicht langweilig wird und Sie vom Alltag entfliehen können.

83. EIN KAFFEE IN EINEM ANDEREN STADTVIERTEL TRINKEN

Nach der Arbeit ein paar Stationen früher oder später aussteigen und schauen, welche schönen Ecken das Viertel zu bieten hat. Setzen Sie sich in ein Café und lassen Sie bei einem leckeren Getränk den Blick durch die ungewohnte Umgebung schweifen. Vielleicht haben Sie ja einen neuen Platz gefunden, wo Sie nun öfter Kaffee trinken gehen wollen? Wenn Sie mögen, können Sie den Weg nach Hause laufen. Google Maps oder andere Navigationsapps können helfen. Oder Sie fahren mit dem Bus oder der Bahn zurück nach Hause.

Vielleicht haben Sie während Ihres Aufenthalts in dem Café auch noch eine andere schöne Ecke gefunden, die Sie sich direkt im Anschluss anschauen. Die Möglichkeiten sind vielfältig. Mit einer neuen schönen Erfahrung gehen Sie aber auf jeden Fall nach Hause.

84. MIT DER BAHN IN EIN ANDERES STADTVIERTEL FAHREN

Sich einen Tag oder auch nur einen halben Tag Zeit nehmen und die eigene Stadt erkunden. Klingt vielleicht erstmal ziemlich öde, denken Sie? Muss es aber nicht sein. Kennen Sie schon das Stadtviertel am anderen Ende der Stadt? Oder das Stadtviertel direkt neben Ihrem?

Falls nicht oder Sie raus wollen und woanders spazieren gehen möchten, ist dieses Mikroabenteuer bestens geeignet. Schauen Sie, wie die Wohnviertel in dem anderen Stadtteil aussehen, welche Parks es gibt. Vielleicht gibt es sogar Besonderheiten oder Spots, die Sie auf jeden Fall mal gesehen haben müssen. Lassen Sie sich überraschen und seien Sie flexibel. Zu sehen gibt es auf jeden Fall einiges.

85. DIE STADT ALS TOURIST NEU ERLEBEN

Uns sind die Ecken unserer Stadt bekannt. Wir kennen die Wahrzeichen und die Sehenswürdigkeiten. Wir wissen, was es alles zu sehen gibt. Meistens nehmen wir die Sehenswürdigkeiten auch gar nicht mehr wahr. Wir laufen einfach daran vorbei. Doch die Stadt aus der Sicht eines Touristen neu zu entdecken, lässt die eigene Stadt wieder in einem neuen Licht erstrahlen.

Machen Sie eine Sightseeing-Tour und besuchen Sie die Wahrzeichen und Sehenswürdigkeiten. Nehmen Sie sich Zeit und schauen Sie genau hin. Ist dieses Gebäude, die Burg oder das Schloss noch schöner, als Sie es bisher fanden? Haben Sie vielleicht auch noch gar nicht richtig hingeguckt? Vielleicht kommen Sie sogar nun öfter zu den einzelnen Plätzen.

Es ist auch möglich, eine solche Sightseeing-Tour mit Freunden zu machen. Picknicken Sie zum Beispiel an einem der Sehenswürdigkeiten. Oder besuchen Sie ein bekanntes Museum Ihrer Stadt.

86. EINEN TAG IM GRÜNEN VERBRINGEN

Der Trubel in der Großstadt ist für manche sehr beruhigend und gewohnt. Für andere eher anstrengend und der Wunsch nach etwas Zeit draußen wird laut.

Verbringen Sie einen Tag in einem Park in Ihrer Stadt. Machen Sie ein Picknick oder setzen Sie sich auf eine Bank und genießen Sie die Ruhe. Fahren Sie mit der Hand durch das Gras oder beobachten Sie die Enten im See. Worauf auch immer Sie Lust haben. Spazieren Sie durch den Park und lassen Sie den Blick schweifen.

Sie können auch wunderbar einen Tag mit Ihren Kindern im Park verbringen. Nehmen Sie sich eine Picknickdecke, Snacks und ein Spiel mit und verbringen Sie eine schöne Zeit zusammen.

87. DIE STADT BEI NACHT

Die Stadt wirkt ganz anders bei Nacht. Zahlreiche Lichter leuchten, die Geschäfte haben geschlossen, es kehrt etwas Ruhe auf den Straßen ein. Nehmen Sie sich doch etwas Zeit und erkunden Sie Ihre Stadt oder Ihr Viertel bei Nacht. Sie werden Ihre Stadt ganz anders wahrnehmen.

Besuchen Sie beispielsweise die Wahrzeichen Ihrer Stadt bei Nacht oder laufen Sie durch die Innenstadt und genießen Sie die Ruhe dort. Seien Sie dennoch vorsichtig. Besonders bei Orten, an denen Sie bei Tag noch nie gewesen sind und die Sie vielleicht sogar noch gar nicht kennen.

Hören Sie ein Hörspiel oder Podcast, während Sie laufen oder erleben Sie das Abenteuer gemeinsam mit Freunden.

Mikroabenteuer für NRW

Jedes Bundesland hat verschiedene Mikroabenteuer zu bieten. In den vorherigen Kapiteln wurden bereits Mikroabenteuer thematisiert, die für jedes Bundesland und für jeden geeignet sind. Im Folgenden sollen Inspirationen für Mikroabenteuer für die einzelnen Bundesländer aufgelistet werden, sodass Sie möglichst viele Tipps für Ihr Bundesland bekommen können.

88. WESTRUPER HEIDE

Die Westruper Heide liegt im Münsterland und eignet sich hervorragend für einen Tagesausflug. Hier können Sie Wacholderbüsche, das Naturschutzgebiet allgemein sowie Heidschnucken-Herden beobachten und bestaunen. Genießen Sie die Landschaft sowie die Ruhe, die Sie umgibt und nehmen Sie Abstand von Ihrem Alltag. Für einen Ausflug eignet sich der Spätsommer besonders gut. Die Landschaft erstrahlt in lilafarbenem Licht.

Doch nicht nur die Landschaft an sich hat einiges zu bieten. Das Wasser ist auch nicht weit entfernt, denn der Stausee Haltern befindet sich in der Nähe zur Heide. So können Sie flexibel entscheiden, ob Sie den Tag nur in der Westruper Heide verbringen oder auch zu dem Stausee wandern möchten.

89. AUENLANDSCHAFT AN RHEIN UND ERFT

Der Rhein und die Erft haben bereits in dem Rafting-Kapitel Erwähnung gefunden. Ruhiger und weniger actionreich geht es in der Auenlandschaft zu. Sie befinden sich im Kreis Wesel sowie auf der Museumsinsel

Hombroich bei Neuss. Lassen Sie den Anblick der Feuchtwiesen und der Auenwälder auf sich wirken.

Im Winter lassen sich dort Wildgänse nieder. In den Auewiesen in Neuss können Sie Ausstellungspavillons sowie begehbare Skulpturen finden. Die Auenlandschaft sorgt also nicht nur für ruhige und entspannte Momente, sondern gibt durch die Ausstellungspavillons Abwechslung.

Beobachten Sie beispielsweise abends dort den Sonnenuntergang oder spazieren Sie tagsüber dort entlang. Lohnenswert ist die Auenlandschaft auf jeden Fall!

90. STEVER LANDROUTE

Mit dem Rad die Landschaft und Umgebung erkunden. Waren Sie schon mal auf der Stever Landroute unterwegs? Falls nicht, dann lassen Sie sich von der Münsterländer Landschaft begeistern.

Sie kommen vorbei an Wassermühlen, durch Naturschutzgebiete, an Wasserschlössern vorbei,' entlang der Rieselfelder, bis hin zu dem höchsten Punkt des Münsterlandes. Falls Ihnen das noch nicht genug zusagt, können Sie sich bei Mitmachstationen die Geschichte der Stever und der Bedeutung als Lebensraum informieren. Auch für Kinder hat diese Radtour etwas zu bieten: Eine Entdeckerkarte macht aus einer Radtour eine Beobachtungstour. Sie sehen und erleben also weit mehr als bloße Natur.

91. BURG WINDECK

Den Blick über das Siegtal schweifen lassen, an der Burgruine spazieren gehen und sich vorstellen, wie diese wohl vor langer Zeit ausgesehen haben mag. Betrachten Sie das Bergische Land auf der einen Seite sowie den Westerwald auf der anderen. Suchen Sie, während Sie auf das Siegtal schauen, die Wälder, Flüsse und Hügel. Daraus kann auch ein super Suchspiel für Kinder gestaltet werden.

Sie können auch wunderbar auf dem Natursteig Sieg wandern. Folgen Sie dem Flusslauf und beobachten Sie Ihre Umgebung. Lassen Sie Ihren Blick über die Landschaft schweifen. Falls Sie lieber Fahrrad fahren möchten, eignet sich der Radweg Sieg hervorragend. Fahren Sie am Fluss entlang und lassen Sie Ihre Gedanken schweifen.

Falls Ihnen die Burg Windeck nichts sagt, Sie aber gerne etwas zu der Geschichte der Burg erfahren würden, sind hier ein paar Informationen aufgeführt:

Im Jahr 1174 wurde die Burg zum ersten Mal urkundlich erwähnt - als „castrum novum in windeke“. Archäologen vermuten allerdings, dass die Burg älter ist. Graf Heinrich Raspe II. könnte sie um 1170 nach einer Zerstörung wieder neu aufgebaut haben.

Zerstört wurde die Burg im Jahr 1648. Im Zuge des Hessischen Krieges im Jahr 1640 kam es schon zu Truppendurchmärschen in Windeck. Im Jahr 1644 wurden die bergischen Festungen durch Truppen besetzt. Diese Truppen gehörten zu dem Herzog der Linie Pfalz-Neuburg. Die Hessen griffen die Burg im Jahr 1646 an. Nach insgesamt fünf Wochen Belagerung konnten sie die Burg besetzen. Der Obrist Sparr, welcher den Gegenangriff der Bergischen leitete, griff die Windeck ebenfalls an. Er gewann die Schanze, zog sich jedoch dann zurück.

Die hessischen Besatzer blieben bis zum Jahr 1647 in Windeck, mussten sich jedoch dann nach längerer Belagerung der Truppen des Generals de Lamboy ergeben. Erst als die Kaiserlichen im Jahr 1648 Windeck verließen, zerstörten sie die Burg endgültig. Später wurde überlegt, die Burg wiederaufzubauen. Dieser Plan wurde aber wieder verworfen.

Selbstverständlich wurde die Geschichte der Zerstörung der Burg hier nur kurz geschildert. Eine ausführliche Darlegung der Geschichte der Burg wäre in diesem Buch nicht zielführend. Doch wenn Sie Burg Windeck besichtigen, können Sie einschätzen, wann die Burg wohl ungefähr errichtet und wann sie zerstört wurde.

Wenn Sie sich für die komplette Geschichte der Burg interessieren, können Sie alle Details und näheren Informationen im Internet finden.

92. SPAZIEREN IN DER SENNE

Die Senne liegt in Ostwestfalen-Lippe. Ganz in der Nähe von Bielefeld und Paderborn. Hier finden Sie nicht nur einen Ort der Ruhe und Erholung, sondern Sie können auch zahlreiche Tiere wie Hochlandrinder, Exmoor-Ponys, Dammhirsche und viele weitere Tiere entdecken. Spazieren Sie durch die Landschaft und nehmen Sie Abstand vom alltäglichen Trubel. Die Senne eignet sich auch wunderbar, um dort einige Fotos zu machen. Vielleicht können Sie sogar eines von den Tieren machen?

Da die Stadt Bielefeld und auch Paderborn nicht weit entfernt sind, können Sie den Ausflug in die Senne mit etwas Sightseeing verbinden. Besuchen Sie beispielsweise die Sparrenburg in Bielefeld oder das Schloss Neuhaus in Paderborn. So können Sie die Ruhe in der Senne genießen und dort Entspannung finden, aber auch Sightseeing und Abenteuer verbinden.

93. TIERPARK OLDERDISSEN

Im Tierpark Olderdissen in Bielefeld finden zahlreiche Tiere ein Zuhause. Der Tierpark ist für Groß und Klein geeignet, sodass jeder hier ganz auf seine Kosten kommt.

Für die Kleinen ist der Streichelzoo, der Spielplatz und das Karussell eine super Abwechslung. Die Großen drehen vielleicht lieber noch eine Runde durch den Tierpark. Neben Ziegen, Wildschweinen, Eseln und zahlreichen anderen Tieren lassen sich auch Bären und Wölfe bestaunen.

Wenn Sie mögen, können Sie vom Tierpark aus auch loswandern und die Umgebung erkunden. Die meisten Wanderwege sind ausgeschildert. Es empfiehlt sich jedoch dennoch, sich vorher über mögliche Routen zu informieren. Das Beste an dem Tierpark Olderdissen: Der Eintritt ist frei. Sie können sich also umsonst die Tiere ansehen oder auf dem Spielplatz Zeit verbringen. Nur das Futter für die Tiere, falls Sie möchten, müssen Sie selbst bezahlen.

Mikroabenteuer in Baden-Württemberg

Auch in Baden-Württemberg können zahlreiche Mikroabenteuer erlebt werden. Vielleicht kommen Sie aus diesem Bundesland und kennen manche Orte noch gar nicht. Oder Sie kommen aus einem anderen Bundesland und möchten vielleicht einen Ausflug nach Baden-Württemberg machen. In diesem Kapitel finden Sie zahlreiche Inspirationen und Vorschläge für mögliche Mikroabenteuer.

94. BAD RIPPOLDSAU

Genauer gesagt, geht es um den Burgbachwasserfall im Schwarzwald. Wasserfälle begeistern nicht nur Kinder, sondern auch die Erwachsene. In Bad Rippoldsau können Sie nicht nur den Wasserfall bestaunen, sondern auch gut wandern gehen und die Umgebung erkunden.

Beginnen Sie Ihre Wanderung am besten direkt in Bad Rippoldsau. Denn von hier startet der etwa acht Kilometer lange Rundwanderweg. Von Forstwegen, über Waldpfade, durch die Wolfsschlucht, bis hin zum Wasserfall führt Sie der Wanderweg „Klösterle-Schleife". Das Schöne an diesem Wanderweg ist, dass dieser auch für Kinder geeignet ist und diese nicht überfordert oder überanstrengt werden und sich auch nicht langweilen. Denn auf dem Weg gibt es einiges zu bestaunen und zu gucken.

In der Nähe des Wasserfalls können Sie sich am Aussichtspavillon stärken. Dieser Pavillon befindet sich auf dem Burgbachfelsen.

In der Nähe von Bad Rippoldsau befindet sich der „Alternative Wolf- und Bärenpark Schwarzwald". Dort kommen die Kinder vollkommen auf

Ihre Kosten. Aber auch den Erwachsenen wird der Ausflug dorthin gefallen.

95. LAC BLANC

Der Lac Blanc bedeutet auf Deutsch so viel wie „weißer See“ und liegt auf der Ostseite der Vogesen. Das Besondere an dem Lac Blanc ist, dass es ein eiszeitlicher Gebirgssee ist.

Am besten eignet sich eine Fahrrad-Tour zum Lac Blanc, da sich dieser auf 1054 Metern Höhe befindet. Starten können Sie die Fahrrad-Tour von Freiburg aus. Die Strecke misst von dem Startpunkt aus ungefähr 80 Kilometer. Sie sollten jedoch auf Ihre eigene Kondition und Verfassung achten, da es die letzten 25 Kilometer bis zum Lac Blanc ziemlich in sich haben. Machen Sie auf der Strecke also am besten viele Pausen und fahren Sie etappenweise, damit Sie nicht total kaputt am See ankommen und sich nicht überanstrengen.

Je nach der eigenen Kondition, kann noch zum Lac Noir, zu Deutsch dem „schwarzen See“, weitergefahren werden. Dieser befindet sich ungefähr vier Kilometer vom Lac Blanc entfernt.

96. SONNENAUFGANG AM HERZOGENHORN

Entspannt und ruhig den Tag beginnen. Für einen schönen und vielleicht weniger stressigen Tag ist der Morgen meist entscheidend. Beginnt dieser schon gestresst und sogar unter Zeitdruck, wird meist der ganze Tag schlecht. Beobachten Sie den Sonnenaufgang vom Herzogenhorn, dem zweithöchsten Gipfel in Baden-Württemberg. Um alles vom Sonnenuntergang mitzubekommen, ist es ratsam, sich noch in der Nacht auf den Weg zu machen. Starten Sie von Feldberg-Ort und wandern Sie von da aus etwa eine Stunde hinauf zum Herzogenhorn.

Falls Sie nicht in der Nähe wohnen, aber Lust haben, den Sonnenuntergang vom Herzogenhorn aus anzuschauen, können Sie auf einem Campingplatz oder in der Natur in der Nähe übernachten und von dort aus loswandern.

Beobachten Sie, wie die Sonne morgens die Alpenkette in ein zauberhaftes Licht taucht. Spüren Sie, wie friedlich es um Sie herum ist und vergessen Sie für einen Moment Ihre Sorgen und den Stress, der Sie umgibt.

Bei Belieben können Sie den Tag auch noch mit einem Sonnenuntergang ausklingen lassen. Dies geht wunderbar vom Feldberg aus. Dieser befindet sich in der Nähe vom Herzogenhorn, etwa sechs Kilometer entfernt. Die Entfernung eignet sich also wunderbar, um zum anderen Gipfel wandern zu können.

97. ALBSTEIG-TOUR MIT AUSSICHT

Wandern wird nicht zum ersten Mal in diesem Buch erwähnt. Doch diese Wanderstrecke ist eine der schönsten in Baden-Württemberg. Starten Sie vom Bahnhof Balingen aus und wandern Sie nach Burgfelden. Dies sind in etwa 10 Kilometer. Von dort aus geht es weiter in Richtung Albsteig. Nach 14 weiteren Kilometern können Sie auf dem Raichberg das Wanderheim Nägelehaus sehen. Wenn Sie möchten, können Sie hier übernachten und am nächsten Tag die Tour in Ruhe und mit neuer Kraft fortsetzen. Ein weiterer Vorteil des Wanderheims ist seine Aussicht. Genießen Sie den Blick auf die Burg Hohenzollern. Wenn Sie mögen, können Sie sich von dort aus auch den Sonnenuntergang ansehen, bevor es am nächsten Tag weitergeht. Wandern Sie vom Raichberg aus weiter nach Jungingen. Dies sind in etwa acht Kilometer. Von hier aus bietet sich eine Fahrt mit der Hohenzollerischen Landesbahn nach Balingen super an.

98. SCHLOSS HEIDELBERG

Das Schloss Heidelberg ist nicht nur eines der Wahrzeichen der Stadt, sondern bietet auch einiges zum Entdecken. Machen Sie beispielsweise einen Spaziergang entlang des Schlosses oder durch den Schlossgarten. Zudem hat das Schloss einige Schätze zu bieten wie beispielsweise den Kaisersaal oder die Figuren am Friedrichsbau. Lassen Sie sich verzaubern.

Um das Schloss von einer neuen Seite kennenzulernen, sind hier ein paar Daten und Fakten zur Geschichte des Schlosses aufgeführt: Das Schloss Heidelberg zählt heute zu den berühmtesten Ruinen Deutschlands. Bis zur Zerstörung residierte der Kurfürst von der Pfalz auf dem Schloss. Zerstört wurde das Schloss im Pfälzischen Erbfolgekrieg.

Durch die Zerstörungen durch die Soldaten von Ludwig XIV. im Jahr 1689 und durch die französischen Pioniere, welche durch Sprengungen 1693 das Schloss zerstörten, wurde dieses nur teilweise restauriert. Doch das Schicksal traf das Heidelberger Schloss noch ein weiteres Mal. Im Jahr 1764 schlugen Blitze in die Anlage, welche zum Teil schon wieder renoviert wurde. Die Anlage geriet in Brand. Die Wiederherstellung wurde anschließend aufgegeben.

Das Schloss besteht aus Neckertäler Sandstein und befindet sich 80 Meter über dem Talgrund. Von der Altstadt aus ist das Schloss ein wahrer Blickfang und schon fast nicht zu übersehen. Heute zählt das Schloss zu den beliebtesten touristischen Ausflugszielen in ganz Europa.

Auch wenn Sie das Schloss selbst nicht besichtigen möchten, ist es definitiv lohnenswert, einen Blick darauf zu werfen. Beispielsweise bei einem Spaziergang durch die Heidelberger Altstadt. Vielleicht ist Ihr Interesse auch geweckt und Sie möchten noch mehr zum Schloss nachlesen und wissen, um es anschließend mit genügend Hintergrundwissen zu besichtigen. Lassen Sie sich vom Schloss verzaubern, stellen Sie sich das Leben auf dem Schloss vor, vielleicht sogar auch die einzelnen Schicksalsschläge.

Wenn Sie mögen, können Sie auch an einer Führung durch das Schloss teilnehmen. So bekommen Sie unvergessliche Eindrücke und zusätzliches Wissen. Ein Abenteuer, das Sie so schnell ganz sicher nicht vergessen.

99. LICHTENTALER ALLEE

Abschalten und entspannen in der Lichtentaler Allee in Baden-Baden. Seit dem Jahr 1655 zieht die Lichtentaler Allee zahlreiche Besucher in ihren Bann. Spazieren Sie durch die Lichtentaler Allee und lassen Sie sich durch die zahlreichen Bäume und Blumen begeistern. Schalten Sie ab und lassen Sie Ihr gewohntes Leben für ein paar Augenblicke hinter sich. Bestaunen Sie die Tulpenbäume, Kastanien, Platanen, Erlen, Azaleen und zahlreiche weitere Arten.

Die Lichtentaler Allee verändert sich zu jeder Jahreszeit und taucht die Umgebung in ein neues Licht. Bewundern Sie die Narzissen und Wildtulpen im Frühjahr, die lila und roten Rhododendren im Sommer und die bunten Blätter im Herbst. Auch ein Ausflug im Winter, wenn die Allee mit Schnee bedeckt ist, lohnt sich.

Rüsten Sie sich mit Ihrer Kamera, einem Block oder ähnlichem aus und besuchen Sie die Lichtentaler Allee. Fangen Sie die verschiedenen Bäume und Blumen in Fotos ein oder zeichnen Sie die blühende Blume vor Ihnen. Vielleicht mögen Sie es auch lieber, Ihre Gedanken in Ruhe niederzuschreiben. Kehren Sie ruhiger und ausgeglichener nach Hause zurück.

Genießen Sie eine der Open-Air-Veranstaltungen, fahren Sie Fahrrad, betätigen Sie sich sportlich, wie auch immer Ihnen ist, die Lichtentaler Allee bietet für viele verschiedene Aktivitäten Platz und Raum.

100. SCHLOSS KARLSRUHE

Im Jahr 1715 wurde das Karlsruher Schloss im Barockstil erbaut. Es sollte die Residenz von Karl Wilhelm von Baden-Durlach, einem Markgrafen, sein. Noch bis zu dem Jahr 1918 wurde es als Residenzschloss genutzt. Heute findet sich dort das Badische Landesmuseum und ein Teil des Bundesverfassungsgerichtes wieder.

Spazieren Sie durch den Schlossgarten, bestaunen Sie die Erscheinung des Schlosses. Der Schlossgarten ist genauso wie das Schloss selbst im Barockstil angelegt. Hier lassen sich Denkmäler, Kunstwerke und Brunnen finden. Langweilig wird es hier also nicht. Egal, ob Sie einfach nur spazieren gehen möchten, um etwas anderes zu sehen, oder sich für Schlösser interessieren - auf seine Kosten kommt hier garantiert jeder.

Wenn Sie mögen, können Sie das Innere des Schlosses durch das Museum besichtigen. Die Räume wurden so originalgetreu wie nur möglich nachgestellt. So bekommen Sie einen möglichst realistischen Einblick in die Einrichtung und Leben zu der Zeit, in der das Schloss als Residenz genutzt wurde.

Auch zu diesem Schloss sollen ein paar Informationen zur Geschichte sowie interessante Fakten folgen: Zunächst wurde das Schloss aus Holz erbaut. Durch die Renovierungen im Jahr 1746, wo das Schloss grundsaniert wurde, wurde auch das Holz durch Stein ersetzt.

Nachdem Karl Friedrich 1738 seine Regentschaft angetreten hatte, wurde das Schloss durch den früheren Hofjunker nach Plänen bis zum Jahr 1770 umgebaut. Im Zuge dieses Umbaus wurden die Fenster vergrößert sowie Türen ergänzt und ausgetauscht. Außerdem wurden die Pavillonbauten zwischen dem Mitteltrakt und den Seitenflügeln ergänzt. Diese Merkmale waren äußerlich besonders auffällig für den Umbau.

Auch der Schlossturm bekam im Jahr 1785 ein Kuppeldach sowie eine Verkürzung. Nachdem der letzte badische Monarch Friedrich II. im Jahr 1918 abdankte, endete auch die Zeit der Nutzung des Schlosses als Familienresidenz. Seit 1919 findet das Badische Landesmuseum dort seinen Platz.

Auch dieses Schloss wurde vom Schicksal nicht verschont. Im Zuge des zweiten Weltkrieges wurde das Schloss von Bomben getroffen und brannte aus. Es wurde als Museum wieder neu aufgebaut. Doch leidglich die äußere Fassade wurde originalgetreu wiederhergestellt. Im Inneren des Schlosses haben moderne Ausstellungsflächen einen Platz gefunden.

Auch wenn das Schloss so wie damals nicht mehr existiert, währt der Zauber noch bis heute. Lassen Sie den Anblick des Schlosses auf sich wirken. Wenn Sie mögen, können Sie auch den Blick von der Aussichtsplattform des Schlossturmes genießen.

Mikroabenteuer in Bayern

Denkt man an Bayern, wird oft das Oktoberfest, die dazugehörigen Trachten und Dirndl und vielleicht auch noch zahlreiche grüne Wiesen verbunden. Auch an Mikroabenteuern und schönen Orten hat Bayern einiges zu bieten. Lassen Sie sich in diesem Kapitel inspirieren und planen Sie vielleicht sogar schon Ihren Trip für ein Mikroabenteuer nach Bayern.

101. AUSFLUG ZUM EIBSEE

Der Eibsee liegt neun Kilometer südwestlich von Garmisch-Partenkirchen. Er befindet sich unterhalb der Zugspitze im Wettersteingebirge. Vielleicht fragen Sie sich nun, was an diesem See so besonders ist, dass er ein Mikroabenteuer wert ist?

In den vorherigen Kapiteln wurden Mikroabenteuer in Garmisch-Partenkirchen bereits vorgestellt. Ein Ausflug zu dem See könnte demnach gut mit einer Wanderung auf die Zugspitze kombiniert werden.

Der Eibsee eignet sich perfekt, um dort spazieren zu gehen. Genießen Sie den Blick auf den See und die umliegende Landschaft. Eine Umrundung dauert ungefähr 2,5 Stunden. In der Zeit können Sie nicht nur die Umgebung auf sich wirken lassen, sondern beispielsweise ein Hörbuch hören oder, wenn Sie nicht allein unterwegs sind, mit Ihrer Begleitung über die unterschiedlichsten Themen philosophieren.

102. KZ-GEDENKSTÄTTE DACHAU

Sich mit der Geschichte des eigenen Landes zu befassen, ist nicht nur spannend, sondern auch wichtig. In der Gedenkstätte und Ausstellung des KZ Dachau ist die Geschichte durch Bilder und Videos zum Greifen nah.

Nehmen Sie sich am besten einen ganzen Nachmittag Zeit und besichtigen Sie die Gedenkstätte und Ausstellung. Aber was ist daran nun ein Mikroabenteuer?

Die vorherigen Mikroabenteuer machen Spaß, bieten Abwechslung, inspirieren. Dieses Mikroabenteuer ist irgendwie anders. Sie werden vielleicht bewegt die Gedenkstätte verlassen. Vielleicht wird Ihnen viel durch den Kopf gehen. Aber Sie werden nicht nur etwas über die Geschichte des eigenen Landes erfahren, sondern sich diese auch vor Augen führen und gleichzeitig ist die Beschäftigung mit der Geschichte interessant.

103. BURGHAUSEN IN OBERBAYERN

Jede Burg sieht anders aus und ist einen Besuch wert. Vermutlich haben Sie auch schon viele Burgen bisher besichtigt. Doch waren Sie schon bei einer der längsten Burgen weltweit? Falls nicht, können Sie das an der Burg in Burghausen nachholen.

Die Burg misst eine Länge von etwas über 1000 Metern und fand dadurch sogar im Guinness-Buch der Rekorde als „längste Burg der Welt“ Erwähnung. Doch nicht nur die Länge der Burg ist eine Erwähnung wert, sondern auch ihre Geschichte:

Die Burg war von 1255 bis 1503 die Zweitresidenz der niederbayrischen Herzöge und erfüllte als Wohnsitz viele verschiedene Funktionen. Sie war der Erziehungsort der Kinder. Die Herzoginnen konnten sich dort vollkommen auf die Erziehung ihrer Kinder konzentrieren. Nicht nur die Herzoginnen und Herzöge mit ihren Kindern wohnten dort, sondern auch das Erbprinzenpaar sowie Witwen hatten dort ihren Wohnsitz. In der Trutzburg wurde zudem der Gold- und Silberschatz der

Herzöge aufbewahrt. Nicht nur die Burg selbst können Sie ansehen, sondern auch die Ringmauern, die bis heute noch fast vollständig intakt sind. Besichtigen Sie nicht nur die Burg selbst, sondern auch den Wöhrsee, der sich in der Nähe der Burg befindet.

Die Burg lädt zu einem Tagesausflug ein. Schwelgen Sie in der Fantasie vom Leben am Hofe und lassen Sie sich von der Burg selbst verzaubern.

104. GLASDORF ARNBRUCK

Zwischen München und Prag befindet sich das Glasdorf in Arnbruck. Wie der Name schon verrät, lässt sich dort vieles aus Glas finden. Doch es kann nicht nur beobachtet werden, wie die Glasmacher ein neues Kunstwerk zaubern, sondern auch, wie Floristen und Floristinnen ein Stück Natur zaubern und wie Konditoren und Konditorinnen Sie mit leckeren Speisen verwöhnen. Das Glasdorf ist ein beliebtes Ausflugsziel. Verständlich, denn es gibt dort einiges zu sehen. Egal, ob Sie sich für die Herstellung und Gestaltung von Glas interessieren oder für das Handwerk von Floristen und Floristinnen. Hier kommt sicher jeder Geschmack auf seine Kosten.

Auf einem Gelände verteilt, sind die einzelnen Shops, Essensmöglichkeiten und auch ein Bauernhof zu finden. Das ganze Glasdorf hat sich aus diesem Bauernhof entwickelt, weswegen er auch heute noch von großer Bedeutung ist. Auf dem Bauernhof sind Ziegen, Schafe, ein Pony und ein Esel zu finden. Besonders für Kinder ist dies eine willkommene Abwechslung und definitiv einen Halt wert. Neben dem Bauernhof ist auch der Spielplatz bei Kindern sehr beliebt.

Das Glasdorf hat für jeden Geschmack etwas zu bieten. Egal, ob Sie sich für Glas, Floristik oder für Konditorei interessieren. Sie werden mit Sicherheit das eine oder andere Mal staunen.

105. BURGRUINE NATTERNBERG

Die Burgruine Natternberg wird auch Schloss Natternberg genannt und bezeichnet die Ruine einer mittelalterlichen Gipfelburg auf dem Natternberg. Bestaunen Sie die Trümmer der Wehrmauern und Wälle. Genießen Sie die Aussicht über die Donau und das Hügelland des Bayerischen Waldes.

Damit Sie wissen, was für eine Ruine es dort eigentlich zu sehen gibt und diese vielleicht noch etwas interessanter erscheint oder um Ihre Fantasie und Vorstellungskraft anzuregen, gibt es hier ein paar Fakten zur Geschichte der Burgruine Natternberg:

Es wird vermutet, dass die Burg im frühen Mittelalter in der Siedlung erbaut wurde. Erwähnt wurde die Burg zum ersten Mal 1145 in einer Urkunde des Klosters Weinberg. In dieser Urkunde steht die Burg als Edelsitz des Hartwig von Natternberg. Dieser war ein Dienstmann des Grafen von Bogen. Nachdem die Bogener ausgestorben waren, ging der Besitz der Burg an die Wittelsbacher über. So wurde die Burg zum Sitz eines Pflegers. Der bayrische Herzog Heinrich der Natternberger wuchs auf der Burg auf. Er verstarb im Jahr 1333.

Der dreißigjährige Krieg setzte der Burg stark zu. Sie wurde schwer beschädigt. Doch nach wie vor war die Burg der Sitz des Pflegers. Im Jahr 1743 wurde sie schließlich im Österreichischen Erbfolgekrieg zerstört. Nachdem die Burg mehrmals den Besitzer gewechselt hatte, kam sie schlussendlich wieder in die Hände der Preysinger Grafen und wurde bis zum zweiten Weltkrieg auch weiterhin bewohnt.

Spazieren Sie entlang der Burg, stellen Sie sich vor, wie es wohl war, in einer solchen Burg zu leben und wie diese wohl aussah, als sie noch vollständig intakt war.

106. OBERPFÄLZER MÄRCHENGARTEN IN WACKERSDORF

Feen, Elfen und Zwerge gibt es zwar nicht, doch Märchen begeistern die Kleinen als auch die Großen. Fast jeder kennt die verschiedenen Märchen. Direkt am Murner See ist der Märchenwald zu finden. Bei einem Spaziergang um den Murner See können Sie den Blick über dem Märchenwald schweifen lassen. Die handgefertigten Skulpturen bieten nicht nur Abwechslung, sondern sind auch besonders schön anzusehen. Sie lassen sich bereits an einem Waldstück direkt am Murner See finden.

Im Märchengarten können Sie an verschiedenen Orten die Skulpturen finden. Lassen Sie sich verzaubern und Ihre Fantasie anregen. So können Sie nicht nur Abstand von dem gewohnten Leben nehmen, sondern gleichzeitig sich erholen und Ihrer Fantasie freien Lauf lassen.

Der Eintritt in den Märchenwald ist frei und auf keine Uhrzeit beschränkt, sodass Sie einen Besuch flexibel planen können. Wenn Sie mögen, können Sie bei gutem und vor allem warmem Wetter im See baden.

Mikroabenteuer für Rheinland-Pfalz

Verschiedene Mikroabenteuer wurden für die drei anderen Bundesländer bereits vorgestellt. Dies soll auch das letzte Kapitel mit Ideen für Mikroabenteuer in den verschiedenen Bundesländern sein. Was Sie alles in Rheinland-Pfalz erleben können und was für schöne Orte dort auf Sie warten, können Sie in diesem Kapitel nachlesen.

107. WANDERUNG DURCH DIE WEINBERGE UND DEN PFÄLZER WALD

Von oben die schöne Aussicht genießen. Auf dem Weg vielleicht noch das Schloss besichtigen und einfach einen schönen Tag erleben. Dafür eignet sich diese Wanderung perfekt.

Wenn Sie mit dem Auto kommen, können Sie vom Parkplatz aus zunächst zum Hambacher Schloss wandern. Vielleicht reicht es Ihnen, sich das Schloss nur von außen anzusehen. Bei Interesse oder wenn Sie noch genügend Zeit übrighaben, können Sie es auch von innen bestaunen.

Doch nicht nur das Schloss selbst ist ein Blickfang. Genießen Sie auch den Ausblick über Ludwigshafen, Mannheim, Heidelberg sowie Karlsruhe. Auch den Schwarzwald können Sie von dort aus erkennen. Diese Kulisse eignet sich nicht nur, um den Moment zu genießen, sondern gibt auch ein gutes Fotomotiv ab.

Von dort aus können Sie weiter in den Pfälzer Wald wandern. Dort angekommen, können Sie sich aussuchen, ob Sie lieber auf kleinen oder großen Wegen wandern möchten. Mit genügend Zeit können Sie die unterschiedlichen Wege ausprobieren.

Nach der anstrengenden Wanderung können Sie sich entweder wieder in Richtung des Startpunkts aufmachen oder sich in einer Berghütte ausruhen und stärken. Manche der Berghütten haben eine sehr schöne Aussicht, sodass Sie nicht nur das gute Essen locken wird. Besonders lohnenswert ist die Wanderung im Herbst. Denn zu dieser Zeit wird der Wein geerntet.

108. BURG ELTZ

Schon wieder eine Burg, mögen Sie jetzt vielleicht denken. Aber vielleicht wohnen Sie ja sogar gar nicht so weit von dieser Burg entfernt und kennen sie noch gar nicht. Oder Sie bekommen nach dieser kurzen Vorstellung Lust darauf, diese Burg zu besichtigen und dieses Mikroabenteuer zu erleben.

Die Burg Eltz liegt im Tal der Elz. Schon aus der Ferne können die Türme der Burg erkannt werden. Ihr Bauwerk gilt als eines der bekanntesten in Deutschland. Aber was macht diese Burg nun so besonders?

Zum einen überstand die Burg alle Kriege unbeschadet, sodass sie noch immer in ihrem vollen Glanz erstrahlt. Zudem ist sie noch bis heute in den Händen einer einzigen Familie. Und das seit ihrer Erbauung. Nehmen Sie sich auch einen Moment Zeit und betrachten Sie die Architektur der Burg. Denn auch diese ist so nirgends zu finden.

Dadurch, dass die Burg im Eltzer Wald liegt, lädt ihre Umgebung zu einem Spaziergang ein. Besichtigen Sie beispielsweise erst die Burg selbst und spazieren Sie anschließend durch den Wald, welcher zudem ein Naturschutzgebiet ist. Genießen Sie dort die Schönheit der Natur, betrachten Sie seltene Pflanzen und die verschiedenen Tiere. Die Burg und der Eltzer Wald laden zu einem Besuch und somit auch zu einem Mikroabenteuer ein.

Damit Sie auch wissen, was die Burg schon so alles erlebt hat und was sie geschichtlich ausmacht, folgen nun auch ein paar Fakten zu ihrer Geschichte und den Besonderheiten:

Die Burg Eltz stammt aus dem 12. Jahrhundert und gilt als eine der Burgen, die in der Eifel nie gewaltsam erobert werden konnten. Erbaut wurde sie an einem Handelsweg, der durch das Moselland und das Maifeld führt. Es kamen also viele Menschen durch den Handel an dieser Burg vorbei. Die Burg Eltz beziehungsweise der Name „Eltz“ wird im Jahr 1157 das erste Mal in einer Urkunde erwähnt. Diese Urkunde stammte von Friedrich I. Barbarossa.

Sie ragt auf einem Felskopf empor, der ungefähr 70 Meter hoch ist. Damit ist sie schon aus der Ferne sichtbar und macht als Anblick natürlich auch einiges her. Zudem befindet sich der Fluss Elz in der unmittelbaren Nähe der Burg. Er umfließt sie von drei Seiten. Da sich die Erbauer der Burg an die Form und Anreihung der Felsen orientieren mussten und die Erbauung auf einem Felsen eine Schwierigkeit darstellte, entstanden so die Grundrisse der Räume, die für viele recht ungewöhnlich aussehen.

In den nachfolgenden Jahren wurde die Burg stets saniert und instandgehalten. Bis heute. Wenn Sie mögen, können Sie Teile der Burg besichtigen. Dies ist hauptsächlich in den Sommermonaten möglich. Nehmen Sie beispielsweise an einer der Führungen teil und lassen Sie die Geschichte sowie die einzelnen Räume auf sich wirken.

109. GEIERLAY HÄNGESEILBRÜCKE

Die Geierlay Hängeseilbrücke in Mörsdorf ist noch gar nicht so alt, wie sich vielleicht vermuten lässt. Erst im Jahr 2015 wurde mit dem Bau der Brücke begonnen.

Die Brücke und die Umgebung laden zu einem Ausflug und Mikroabenteuer ein. Je nachdem, wie die Brücke in Ihren Tagesplan passt, können Sie diese bei einem Spaziergang überqueren oder auch in eine längere Wanderung mit einbeziehen. Ganz, wie Sie selbst mögen. Rund um die Geierlay können Sie Rundwege zwischen 3 km und 14 km Länge finden. So ist für jeden Geschmack etwas dabei.

Der Start und der Endpunkt dieser Rundwege ist das Besucherzentrum in Mörsdorf, sodass Sie keine Angst haben brauchen, dass Sie sich verlaufen könnten. Selbstverständlich können Sie auch über eine Abkürzung wieder an den Ausgangspunkt gelangen, falls Sie sich nicht über die Brücke trauen. Die Geierlay Brücke selbst sowie ihre Umgebung laden zu ausgiebigen Spaziergängen und Wanderungen ein. Die Brücke bildet zudem ein super Fotomotiv ab.

110. KAISERDOM ZU SPEYER

In der Stadt Speyer lässt sich der Kaiserdom finden und gehört zu den Pflichtzielen, wenn man in der Nähe ist. Also warum nicht gezielt einen Ausflug zum Kaiserdom unternehmen?

Der Dom hat eine Höhe von 71 Metern und eine Gesamtlänge von 134 Metern. Der Bau des Doms startete im Jahr 1024 und wurde im Jahr 1106 fertiggestellt. Heute ist er die größte romanische Kirche der Welt. Lassen Sie den Dom auf sich wirken und schauen Sie ihn sich genau an. Wie wirkt er auf Sie? Wenn Sie mögen, können Sie an einer Führung durch den Dom teilnehmen.

Auch die Umgebung des Doms hat einiges zu bieten. Schauen Sie sich beispielswiese noch das Heidetürmchen, den Ölberg, die Antikenhalle oder den Domnapf an. So können Sie einen abwechslungsreichen Tag voller Abenteuer und neuer Erlebnisse verbringen.Die Umgebung lädt zudem zu einem Spaziergang ein. So können Sie währenddessen Ihre Eindrücke verarbeiten.

111. WASSERFALL DREIMÜHLEN

Der Wasserfall Dreimühlen bei Hillesheim eignet sich besonders gut als Ziel für eine Wanderung oder Spaziergang. Entstanden ist der Wasserfall aus Kalkablagerungen von drei karbonhaltigen Quellzuflüssen des Ahbachs. Im Jahr 1912 wurde die Eisenbahnlinie erbaut und so mussten die drei Quellzuflüsse zusammengefasst und umgeleitet werden. Seitdem fließt das Wasser über die Geländekante. Wussten Sie, dass dieser Wasserfall auch unter dem Namen „wachsender Wasserfall“ bekannt ist?

Da das karbonatreiche Wasser über die Geländekante fließt, wird an der Spitzkante Kohlendioxid freigesetzt. Das verbleibende Calciumkarbonat überdeckt das Moos. Diese Karbonatablagerungen werden auch Karbonat-Sintergesteine genannt. So wuchs der Wasserfall seit dem Bau der Eisenbahnlinie bereits um 12 Meter und wird auch in Zukunft durch die Ablagerungen weiterwachsen.

Die Einmaligkeit des Wasserfalls wurde auch offiziell anerkannt und der Wasserfall wurde zum Naturdenkmal ernannt. Den Wasserfall können Sie das ganze Jahr über besichtigen. Spezielle Öffnungszeiten sind nicht vorhanden.

Wenn Sie mit dem Gedanken spielen, eine Wanderung durch die Gegend zu unternehmen und noch nicht genau wissen, wohin es gehen soll oder welche Wege Sie nehmen könnten, dann ist der Wasserfall Dreimühlen vielleicht ein schöner Ort, um an ihm vorbeizuwandern. Der Fernwanderweg Eifelsteig sowie der Kalkeifel-Radweg führen an dem Wasserfall vorbei.

112. EHRBACHKLAMM

Der Ehrbachklamm in Hunsrück ist ein wahres Wanderhighlight. Doch nicht nur für Wanderungen ist der Ehrbackklamm einen Ausflug wert. Lauschen Sie dem Wasser, nehmen Sie die Ruhe in sich auf. Seien Sie vielleicht sogar selbst für ein paar Momente ganz ruhig und genießen Sie den Moment im Jetzt. Genießen Sie den Blick in die Natur sowie auf das Wasser. Laufen Sie über Brücken und Stege. Hier können Sie der Natur so nah wie nur möglich sein.

Um den ganzen Ehrbachklamm erleben zu können, ist eine Wanderung oder Spaziergang ratsam. Die Dauer einer Wanderung können Sie flexibel planen, sodass diese gut und individuell in Ihre Tagesplanung passt.

Eine Wanderung von Emmelshausen bis nach Brodenbach dauert beispielsweise rund vier bis fünf Stunden. Bei dieser Wanderung kommen Sie auch am Ehrbachklamm vorbei. Sie können aber auch nur den Ehrbachklamm entlang spazieren und anschließend wieder umdrehen. Ganz, wie Sie mögen.

113. ALTSTADT BERNKASTEL

Spazieren Sie durch die Altstadt Bernkastel und lassen Sie die Häuser, das Rathaus, den mittelalterlichen Marktplatz, den Brunnen und zahlreiche weitere Plätze auf sich wirken. Aber was ist so besonders an dieser Altstadt?

Alle Städte haben meistens eine Altstadt. Zumindest dann, wenn es Großstädte sind. Daher fragen Sie sich vielleicht nun, warum die Altstadt Bernkastel ein Mikroabenteuer darstellt.

Die Altstadt wird gerne als Fotomotiv genutzt. Falls Sie sich vorher über die Altstadt informieren möchten, werden Sie auf jeden Fall auch auf viele Fotos stoßen. Am häufigsten wird das Spitzhäuschen fotografiert. Erbaut wurde das Spitzhäuschen im Jahr 1416 und steht noch heute genauso da. Spazieren Sie durch die Altstadt, beispielsweise am Renaissance Rathaus vorbei, über den Karlsbader Platz, entlang vieler Restaurants und Cafés, bis hin zum Bärenbrunnen. Langweilig wird Ihnen in der Altstadt ganz bestimmt nicht werden.

114. NIBELUNGENTURM UND -BRÜCKE

Der Nibelungenturm in Worms ist ein beliebtes Ausflugsziel. Der Turm kann ganz bequem mit dem Fahrrad, Auto oder den öffentlichen Verkehrsmitteln erreicht werden.

Schulen oder auch Vereine können den Nibelungenturm mieten und dort ein paar Tage verbringen. Für Privatpersonen ist keine Übernachtung gestattet. Der Nibelungenturm und -brücke verbindet die Stadt Worms mit den Städten Lampertheim und Bürstadt. Die Brücke und der Turm gelten heute als Kulturdenkmal.

Wie wäre es mit einer Fahrradtour am Turm vorbei? So können Sie nicht nur die einzelnen Städte und die Umgebung auf sich wirken lassen, sondern auch den Nibelungenturm und -brücke.

Radtouren durch Deutschland

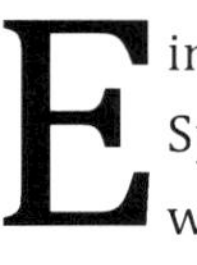ine Radtour hält nicht nur fit, sondern macht auch noch viel Spaß. Welche schönen Radwege es in ganz Deutschland gibt und was es auf diesen Strecken zu sehen gibt, erfahren Sie in diesem Kapitel.

115. DER MAINRADWEG

Schweinfurt in Bayern ist für die schönen Radwege und schönen Ecken bekannt. Der Mainradweg ist insgesamt 600 km lang und bietet für jeden genau das Richtige. Egal, ob Natur oder aktiven Sport. Wo Sie starten und wo Sie die Tour beenden, ist ganz Ihnen überlassen. Wenn Sie mögen und genügend Kondition haben, können Sie den Mainradweg an einem Wochenende fahren. Ein echtes Abenteuer und ein schöner Wochenendtrip.

Der Radweg führt entlang des Mains. Verfolgen Sie den Radweg von der Quelle bis zur Mündung. Genießen Sie während der Tour den Blick auf den Fluss. Da der Radweg durch die Fränkische Schweiz, das Fichtelgebirge oder das Fränkische Weinland führt, bietet er viel Abwechslung.

Erleben Sie die Schönheit der Natur auf den unterschiedlichen Etappen. Bestaunen Sie die wechselnden Landschaften und nehmen Sie Abstand vom gewohnten Alltagsstress. Legen Sie Stopps in den unterschiedlichen Städten ein. Schauen Sie sich beispielweise die Sehenswürdigkeiten in Schweinfurt an. Oder machen Sie am Fluss eine Picknickpause.

116. RÖMER-LIPPE-TOUR

Auf insgesamt 479 Kilometern kommen Sie an den unterschiedlichsten Orten, Städten und schönen Plätzen vorbei. Der Startpunkt ist das Herrmannsdenkmal in Detmold, die Tour endet in der Stadt Xanten. Selbstverständlich können Sie auch nur Etappen der Tour fahren und sich eine Strecke in Ihrer Nähe heraussuchen oder sich für eine Strecke entscheiden, die Sie am meisten anspricht. Sie kommen nicht nur an Städten oder Orten vorbei, sondern auch am Teutoburger Wald. Die ganze Tour bietet also genügend Abwechslung. Lassen Sie den Blick über das Wasser wandern, genießen Sie die Landschaft und die wechselnde Umgebung. Kommen Sie auf andere Gedanken und seien Sie am Ende des Tages stolz auf das, was Sie erreicht haben. Die Tour eignet sich auch gut, um sie am Wochenende abzufahren. Ganz nach dem eigenen Geschmack.

117. DER SAUERLAND-RADRING

Der Sauerland Radring ist insgesamt 83 Kilometer lang und hat so einiges zu bieten. Sie fahren durch die vier Hauptorte Finnentrop, Eslohe, Lennenstadt und Schmallenberg. Diese Orte eignen sich wunderbar, um Pausen zu machen und die jeweiligen Orte zu erkunden. Das Gute an dieser Strecke ist, dass sie hauptsächlich über ehemalige Bahntrassen führt. Diese sind recht steigungsarm, weswegen die Anstiege für jeden gut zu bewältigen sind. So eignet sich die Strecke auch wunderbar für Familien mit Kindern.

Für Familien ist es ratsam, die Tour auf das Wochenende zu verteilen. So haben Sie nicht zu viel Stress und können alle zusammen die Tour in vollen Zügen genießen.

Das Highlight der Tour ist die Durchfahrt durch den Kückelheimer Fledermaustunnel. Dieser Tunnel ist rund 700 Meter lang. Er dient den Fledermäusen im Winter als Quartier und ist daher in dieser Jahreszeit geschlossen. Zu den anderen Jahreszeiten kann der ehemalige Eisenbahntunnel aber durchfahren und erkundet werden.

118. RUHRTALRADWEG

Im Ruhrgebiet gibt es zahlreiche Radwege, die zu einer Tour einladen. Der Ruhrtalradweg hat auf seinen insgesamt 240 km Länge einige spannende Etappen zu bieten. Fahren Sie von der Quelle der Ruhr im Sauerland bis zu der Mündung in den Rhein in Duisburg. Der Radweg ist durch seine angenehme Befahrbarkeit und durch die besonders gute Anbindung an die öffentlichen Verkehrsmittel gekennzeichnet.

Besichtigen Sie die Sehenswürdigkeiten, die Sie auf dem Weg erwarten, wie beispielsweise die Ruine der Hohensyburg in Dortmund. Genießen Sie den Ausblick auf die Landschaft von der Ruine aus. Machen Sie vielleicht ein Picknick und genießen Sie den Augenblick. Auch Museen befinden sich auf dem Weg. So können Sie beispielsweise einen Abstecher in das Aquarius Wassermuseum in Mülheim an der Ruhr machen.

Diese Tour lädt zu zahlreichen Aktivitäten und Besichtigungen ein. Kehren Sie anschließend erholt und mit neuen Abenteuern im Gepäck nach Hause zurück.

119. WESERRADWEG

Der Weserradweg ist rund 520 km lang und kann, wenn man ihn ganz fahren möchte, auf acht Tagesetappen aufgeteilt werden. Sie fahren hauptsächlich an der Weser entlang und können so stetig den Blick über die Weser schweifen lassen. Der Startpunkt des Radweges ist bei Hann. Münden. Der Endpunkt ist in Cuxhaven.

Planen Sie beispielsweise eine Tour nach Cuxhaven und übernachten Sie dort. Verbringen Sie Zeit am Meer, beobachten Sie die Schiffe und kommen Sie erholt nach Hause zurück.

Aber auch für Radtouren zwischendurch ist der Weserradweg geeignet. So können Sie beliebig lang auf dem Radweg fahren, bevor Sie nach Hause umkehren. Oder Sie fahren nur kurze Etappen und steigern sich. Wer den Weserradweg bis zum Ende fahren möchte, findet zahlreiche Übernachtungsmöglichkeiten am Wegesrand. Falls Sie ein wirkliches Abenteuer erleben möchten, können Sie sich informieren, an welchen Stellen das Zelten erlaubt ist und dort die Nächte verbringen.

120. SCHLOSSPARK-RADRUNDE

Im Allgäu lässt sich die 220 km lange Rundtour finden. Kommen Sie vorbei an historischen kleinen Städten, Königsschlössern und Bergpanoramen. Genießen Sie den Blick auf die Umgebung, während Sie auf dem gut asphaltierten und teilweise geschotterten Radweg fahren. Die Steigungen sind nie besonders stark, sodass die Tour für jedermann gemacht ist. Sie finden unterwegs zahlreiche Übernachtungsmöglichkeiten.

121. DONAURADWEG

Der Donau-Radweg zählt zu den beliebtesten Fernradwegen. Wie wäre es also, diese Tour auch einmal auszuprobieren? Wenn auch nur für ein paar Etappen. Der Donau-Radweg ist ungefähr 2850 km lang und führt von der Quelle der Donau bis hin zum Schwarzen Meer. Wenn Sie nur in Deutschland bleiben möchten und sich vielleicht einzelne Etappen raussuchen möchten, die Sie fahren könnten, sind die rund 600 km durch Deutschland gut geeignet. Hier werden Sie für eine Etappe definitiv fündig.

Die 600 km führen durch den Schwarzwald, der Fränkischen Alb und dem Bayerischen Wald und haben dort einiges zu bieten. Genießen Sie die Landschaft. Schauen Sie sich die einzelnen Orte und Städte an. Steigungen sind auf der Tour fast keine vorhanden.

Wenn Sie mögen, können Sie auch Übernachtungen mit einplanen und beispielsweise für ein Wochenende etwas auf dem Donau-Radweg fahren. Der Vorteil dieses Radweges ist, dass Sie sich den Startpunkt sowie den Endpunkt individuell aussuchen können, wenn Sie nicht die ganze Tour fahren möchten.

122. RADWEGE IN DER EIGENEN UMGEBUNG

In diesem Kapitel wurden Radwege vorgestellt, die sich in ganz Deutschland befinden und zu Touren einladen. Doch um Radtouren zu machen, bedarf es keiner langen Radwege in ganz Deutschland. Machen Sie doch mal eine Radtour durch Ihre eigene Umgebung. Die Route können Sie im Vorhinein durch Google Maps oder andere Navigationsdienste planen. So haben Sie ein Ziel. Wie wäre es beispielsweise mit der Stadt, die nicht weit von Ihnen entfernt ist oder ein schöner Park, wo Sie noch nie waren. Das Ziel muss nicht besonders spektakulär sein.

Mit der Zeit können Sie mehr Strecke dazunehmen. Sie werden merken, wie Sie selbst besser werden und Ihre Kondition mehr zulässt. Fahren Sie quer durch Ihre Umgebung und erkunden Sie diese.

123. DRAUF LOS FAHREN

Wir neigen dazu, viel zu planen. Sei es das Essen für den Tag, die verschiedenen Aktivitäten, die wir erleben möchten oder die Aufgaben, die wir erledigen müssen. Ohne Planung geht selten etwas. Wir wollen wissen, wohin es uns führt, bevor wir beginnen.

Sich mal ganz bestimmt dazu zu entschieden, nichts zu planen und einfach drauflosfahren, ist nicht nur schön, sondern kann auch das eigene Leben beeinflussen. Vielleicht fragen Sie sich, wie das beides zusammenhängt.

Ohne Ziel mit dem Fahrrad losfahren. Schauen, wohin es einen treibt und dort angekommen, den Moment genießen und glücklich nach Hause fahren. Dadurch, dass Sie sich kein Ziel setzen, haben Sie auch keine Erwartungen an sich selbst und an Ihr Ziel. Die fehlenden Erwartungen sorgen dafür, dass Sie mit sich und Ihrer Leistung zufrieden sind und anerkennen, was Sie geschafft haben. Eine Einstellung, die einem auch im eigenen täglichen Leben weiterhelfen kann. Sie schrauben die Erwartungen an sich selbst herunter und reduzieren so auch den eigenen Stress.

Zudem kommen Sie an Orte, an denen Sie vielleicht noch nie gewesen sind. Sie müssen sich kein Ziel überlegen, sondern können einfach schauen, wohin es Sie verschlägt. Eine willkommene Abwechslung.

Schlusswort

In diesem Buch haben Sie zahlreiche Ideen und Inspirationen für Mikroabenteuer gefunden. Die einen lassen sich bei Ihnen zu Hause unternehmen, die anderen in Ihrer Umgebung und manche sind in den verschiedenen Teilen Deutschlands zu finden.

Lassen Sie sich inspirieren. Wandeln Sie die Mikroabenteuer vielleicht sogar ab. Ergänzen Sie welche für sich persönlich. Greifen Sie zu dem Buch, wenn Sie Tipps brauchen und nicht wissen, was Sie unternehmen könnten.

Vor allem aber: Seien Sie mutig und trauen Sie sich, Ihre gewohnten Strukturen hinter sich zu lassen, etwas Neues auszuprobieren und dadurch über sich hinaus zu wachsen.

Es ist nie zu spät, ein Abenteuer zu erleben. Ganz egal, wo es auf Sie wartet. Seien Sie aufmerksam. Aus allem kann ein Abenteuer werden.

Quellen

https://www.christofoerster.com/mikroabenteuer

https://www.otto.de/reblog/tipps-fuer-mikroabenteuer-30323/#was-brauchtman

https://de.wikipedia.org/wiki/Geocaching

https://denise-bucketlist.de/mikroabenteuer-ideen

https://www.culture-xl.de/gruende-eine-neue-sprache-zu-lernen/

https://bonnyundkleid.com/2016/02/spiegel-mit-holzrahmen-selber-machen/

https://reisevergnuegen.com/mikroabenteuer-zuhause/

https://travelsanne.de/tipps-urlaub-zuhause-mikroabenteuer-sommerurlaub-deutschland/

https://www.reisereporter.de/artikel/11438-idee-fuer-mikro-abenteuer-ideen-fuer-urlaub-zu-hause

https://de.wikipedia.org/wiki/Lost_Place

https://www.off-the-path.com/mikroabenteuer-deutschland/

https://de.wikipedia.org/wiki/Lahn

https://de.wikipedia.org/wiki/Rafting

https://www.adailytravelmate.com/urlaub-zu-hause-14-ideen-fuer-mikroabenteuer-mit-kindern-in-der-natur/

https://ausgebuext.info/mikroabenteuer-mit-kindern/

https://viel-unterwegs.de/mikroabenteuer-ideen/

https://www.tropfsteinhoehlen.de/index.php?id=1426

https://fernsuchtblog.de/tipps/mikroabenteuer/mikro-abenteuer-nach-feierabend/

https://wirwinzer.de/blog/gluehwein-rezept#kapitel2

https://utopia.de/ratgeber/windlicht-basteln-selber-machen-geschenk/

https://reisevergnuegen.com/mikroabenteuer-winter-tipps/

https://reisevergnuegen.com/mikroabenteuer-fruehling/

https://sophias-welt.de/30-mikroabenteuer-sommer/

https://reisevergnuegen.com/mikroabenteuer-herbst-natur/

https://www.smarticular.net/haushaltsprodukte-die-du-immer-selbst-herstellen-solltest/

https://www.smarticular.net/rezepte-um-hustensaft-selbermachen-thymian-salbei-honig-ingwer/

https://www.phytodoc.de/heilpflanzen/die-hausapotheke-auf-dem-balkon

https://www.garten-treffpunkt.de/lexikon/heilkraeuter.aspx

https://andysparkles.de/2019/10/erlebe-mikroabenteuer-in-der-grossstadt-deine-auszeit-aus-dem-alltag.html

https://www.nrw-tourismus.de/ausfluege-ins-gruene#imwindeckerlaendchen

https://www.weltenkundler.com/7-faszinierende-kostenlose-mikroabenteuer-in-nrw/

https://www.aok.de/bw-gesundnah/arbeit-und-freizeit/mikroabenteuer

https://www.grainau.de/eibsee

https://www.sehenswerter-bayerischer-wald.de/kostenlose-ausflugsziele-bayern/

https://www.burg-burghausen.de/deutsch/burg/bedeut.htm

https://www.weinfurtner.de/dorfplan/

https://de.wikipedia.org/wiki/Burgruine_Natternberg

https://uponmylife.de/regionale-mikroabenteuer-erleben-unser-tag-in-der-pfalz/

https://burg-eltz.de/de/burg-eltz-die-attraktionen.html

https://www.komoot.de/guide/209878/ausflugsziele-in-rheinland-pfalz

https://geierlay.de/wander-angebote/wandern/

https://de.wikipedia.org/wiki/Speyerer_Dom#Umgebung_des_Doms

https://www.eifel.info/a-wachsender-wasserfall-dreimuehlen

https://www.rhein-mosel-dreieck.de/wandern/ehrbachklamm.aspx

https://www.mosel-inside.de/de/mittelmosel/bernkastel-kues/64-historische-altstadt.html

https://nibelungenturm.de

https://de.wikipedia.org/wiki/Nibelungenbrücke_Worms

https://www.schloss-heidelberg.de/erlebnis-schloss-garten/angebote-fuer-gaeste

https://www.tripadvisor.de/Attractions-g187276-Activities-Baden_Wurttemberg.html

https://de.wikipedia.org/wiki/Heidelberger_Schloss

https://www.baden-baden.com/media/attraktionen/lichtentaler-allee#/article/6ff5581d-f2aa-4937-9d02-d182fe21e472

https://de.wikipedia.org/wiki/Schloss_Karlsruhe

https://phototravellers.de/kinderbeschaeftigung-mikroabenteuer/

https://www.smarticular.net/klarspueler-fuer-den-geschirrspueler-einfach-selber-machen/

https://www.lernen.net/artikel/shampoo-selber-machen-13087/

https://www.zeitjung.de/mikroabenteuer-nach-feierabend-erleben-alltag-arbeit-ideen/11/

https://www.womenshealth.de/soulsister/mind/mikroabenteuer-fuer-raue-herbsttage/

https://de.wikipedia.org/wiki/Baumkronenpfad

https://www.geo.de/reisen/reise-inspiration/einen-baumwipfelpfad-entlang-laufen_30156190-30167952.html

https://de.wikipedia.org/wiki/Wattwanderung

https://denise-bucketlist.de/mikroabenteuer-ideen

https://www.urlaubsguru.de/deutschlandliebe/mainradweg/

https://www.urlaubsguru.de/deutschlandliebe/roemer-lippe-route/

https://www.urlaubsguru.de/deutschlandliebe/radfahren-im-sauerland/

https://www.urlaubsguru.de/deutschlandliebe/radfahren-im-ruhrgebiet/

https://de.wikipedia.org/wiki/Donauradweg_(D6)

https://www.aktiv-online.de/ratgeber/die-zehn-schoensten-fahrradtouren-in-deutschland-3510

https://de.wikipedia.org/wiki/Burg_Eltz

https://de.wikipedia.org/wiki/Schloss_Karlsruhe

https://de.wikipedia.org/wiki/Burg_Windeck_(Sieg)

Wir danken Ihnen für Ihr Interesse und Ihr Vertrauen. Als Dankeschön dafür, haben wir eine besondere Überraschung. Wir haben exklusiv für Sie eine **30-Tage-Challenge für Mikroabenteuer.** Und diese erhalten Sie vollkommen kostenlos. Das klingt wunderbar? Dann warten Sie nicht lange und holen Sie sich Ihr Gratis-Geschenk.

Hier geht es zu Ihrem Gratis-Geschenk:

https://forms.gle/i8BeaEP1Jh4vong17

1. **Öffnen Sie die Kamera-App auf Ihrem Smartphone und richten Sie die Kamera auf den QR-Code.**
2. **Klicken Sie auf den Link, der Ihnen angezeigt wird und schon werden Sie zur Website weitergeleitet.**

Impressum

Herausgeber: Orbita Media Verlag GmbH & Co. KG / Ericusspitze 4 / 20457 Hamburg
Kontakt: kontakt@empireofbooks.de
Website: https://empireofbooks.de
Coverbild: Shutterstock

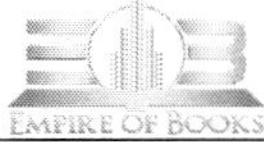

Haftungsausschluss:
Die Nutzung dieses Buches und die Umsetzung der enthaltenen Informationen, Anleitungen und Strategien erfolgt auf eigenes Risiko. Der Autor kann für etwaige Schäden jeglicher Art aus keinem Rechtsgrund eine Haftung übernehmen. Haftungsansprüche gegen den Autor für Schäden materieller oder ideeller Art, die durch die Nutzung oder Nichtnutzung der Informationen bzw. durch die Nutzung fehlerhafter und/oder unvollständiger Informationen verursacht wurden, sind grundsätzlich ausgeschlossen. Rechts- und Schadenersatzansprüche sind daher ausgeschlossen. Dieses Werk wurde sorgfältig erarbeitet und niedergeschrieben. Der Autor übernimmt jedoch keinerlei Gewähr für die Aktualität, Vollständigkeit und Qualität der Informationen. Druckfehler und Falschinformationen können nicht vollständig ausgeschlossen werden. Es kann keine juristische Verantwortung sowie Haftung in irgendeiner Form für fehlerhafte Angaben vom Autor übernommen werden. Die bereitgestellten Analysen, Vorschläge, Ideen, Meinungen, Kommentare und Texte sind ausschließlich zur Information bestimmt und können ein individuelles Beratungsgespräch nicht ersetzen. Alle Informationen dieses Buches entsprechen dem Kenntnisstand zum Zeitpunkt des Verfassens dieses Buches. Eine Haftung für mittelbare und unmittelbare Folgen aus den Informationen dieses Buches ist somit ausgeschlossen.
Informieren Sie sich weitläufig aus unterschiedlichen Quellen und bedenken Sie, dass am Ende nur Sie für die Entscheidungen verantwortlich sind.

Haftung für externe Links:
Unser Angebot enthält Links zu externen Websites Dritter, auf deren Inhalte wir keinen Einfluss haben. Deshalb können wir für diese fremden Inhalte auch keine Gewähr übernehmen. Für die Inhalte der verlinkten Seiten ist stets der jeweilige Anbieter oder Betreiber der Seiten verantwortlich. Die verlinkten Seiten wurden zum Zeitpunkt der Verlinkung auf mögliche Rechtsverstöße überprüft. Rechtswidrige Inhalte waren zum Zeit-punkt der Verlinkung nicht erkennbar.

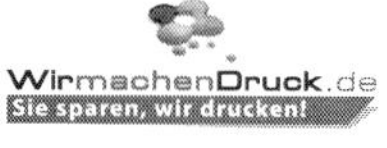